21가지 교훈

비트코인 토끼굴에 빠지면서 배운 것들

비트코이너 지지

포우 팀 옮김

21가지 교훈
비트코인 토끼굴에 빠지면서 배운 것들

2024년 2월 1일 초판 1쇄 발행
2025년 6월 21일 초판 5쇄 인쇄
2025년 6월 28일 초판 5쇄 발행

Second edition. Version 0.3.12, git commit 8e70090.

Copyright © 2018–2023 Gigi / @dergigi / dergigi.com

이 책과 책의 온라인 버전은 Creative Commons Attribution-ShareAlike 4.0 라이선스에 따라 배포됩니다. 이에 대한 참조 사본은 공식 Creative Commons 페이지에서 확인하실 수 있습니다.[a]

---

[a] https://creativecommons.org/licenses/by-sa/4.0

나의 아내와 아이, 그리고 이 세상 모든 어린이에게 바칩니다.
비트코인이 여러분에게 도움이 되고,
투쟁할 가치가 있는 미래를 위한 비전을 제공하길 바랍니다.

이 책에 대한 찬사

누군가는 이를 종교적 경험이라 부르고 누군가는 비트코인이라 부른다.

나의 정신적 고향 중 하나인 라트비아 리가Riga, Latvia에서 지지Gigi를 처음 만났다. 리가는 발틱 벌꿀오소리 컨퍼런스The Baltic Honeybadger Conference - 유럽에서 열리는 비트코인 컨퍼런스의 본거지로 열렬한 비트코인 지지자들이 매년 순례하는 곳이다. 점심시간 내내 지지와 깊은 대화를 나눈 후, 나와 그의 유대감은 몇 시간 전 우리가 처음 악수했을 당시 처리된 비트코인 거래 만큼이나 확고해졌다.

나의 또 다른 정신적 고향인 옥스포드 크라이스트 처치Christ Church, Oxford는 내가 MBA를 다녔던 특권을 누린 곳이자 토끼굴Rabbit Hole의 순간을 맞이했던 곳이다. 나는 지지처럼, 경제, 기술, 사회 영역을 초월하여 온통 비트코인에 대한 생각에 사로잡혀 있었다. 2013년 11월 버블 당시 비트코인을 고점에 구매한 후, 끊임없이 무너지고 끝나지 않을 것만 같았던 3년의 약세장을 견디며 극도로 힘들게 얻은 교훈이 몇 가지 있다. 만약 그 당시 내가 이 21가지 교훈을 알았더라면 큰 도움이 되었을 것이다. 이 교훈들은 너무나 당연한 진리이지만, 불투명하고 깨지기 쉬운 막에 가려져 있다. 하지만, 이 책이 끝날 무렵 그 허울façade, 실제와는 다른 표면은 산산조각 날 것이다.

2016년 8월 말 청명한 밤, 비트파이넥스 해킹으로 또 한번 심장을 후벼 파는 아픔을 겪고 몇 주 후, 나는 크라이스트 처치의 마스터스 가든Master's Garden에 조용히 앉아 생각에 잠겼다. 당시 나는 힘든 시간을 보내며 평생 고문을 당한 것 마냥 정신적, 감정적 한계에 다다라 있었다. 경제적 손실 때문이 아니라, 혼자만의 세계에 고립된 것 같은 정신적 참담함 대문이었다. 그때 이 21가지 교훈 같은 자료들이 있었으면 참 좋았을 것이다. 내가 혼자가 아님을 알 수 있었을테니 말이다. 마스터스 가든은 수 세기에 걸쳐 나와 내가 존재하기 이전에 존재했던 많은 이들에게 각별한 장소이다. 이곳은 교회Christ Church에서 수학을 가르치던 교사, 찰스 도지슨Charles Dodgson이 그의 학생이자 교회 학장의 딸 앨리스 리델Alice Liddell을 관찰했던 의미 있는 곳이기도 하다. 필명 루이스 캐롤Lewis Carroll로 더 유명한 도지슨은 앨리스와 이 정원에서 영감을 받았다. 나는 그 신성한 정원의 마법으로 비밀의 틈 깊숙한 곳을 바라보았고, 그것은 타오르는 듯한 눈빛으로 나의 오만함을 말살시키고 자만한 나의 뺨을 때렸다. 이윽고 나는 평화를 얻었다.

21가지 교훈은 철학, 기술, 경제학의 관점을 넘어 영혼에 이르는 진정한 비트코인 여행을 경험하게 한다.

간결하게 제시된 7가지 철학적 교훈에 깊이 파고 들면, 충분한 시간과 숙고를 통해 모든 존재의 기원을 이해하는 데까지 나아갈 수 있다. 경제학에 대한 7가지 교훈은 간단한 용어로 미치광이 모자장수Mad Hatters - 이상한 나라의 앨리스 등장 인물인 모자장수로 앨리스와 이상한 다과회를 갖는다. 소수 집단이 어떻게 성공적으로 우리의 마음과 영혼의 눈을 멀게 할 수 있었는지 알려준다. 마지막으로, 기술에 관한 7가지 교훈은 비트코인의 아름다움과 기술적으로 다윈적인technologically-Darwinian 완벽함을 설명한다. 기술을 잘 모르는 비트코이너도 비트코인의 기술적 특성과 그 기술의 핵심을 이해할 수 있다.

우리가 삶이라 부르는 이 일시적인 경험 속에서, 우리는 살아가고 사랑하며 배운다. 하지만 어쩌면 삶이란, 시간이 찍힌timestamped 사건의 연속일 뿐 아닐까?

비트코인이라는 산을 정복하는 것은 쉽지 않다. 거짓된 정상은 만연하고 바위는 거칠며 당신을 집어삼키려는 균열과 틈새가 도사리고 있다. 이 책을 읽고 나면 지지가 궁극의 비트코인 셰르파네팔에서 히말라야 산맥을 등산하는 사람을 가이드하는 현지인 또는 네팔 특정 민족임을 알게 될 것이다. 그를 향한 나의 감사한 마음은 영원할 것이다.

2019년 11월 29일

하스 맥쿡Hass McCook

"여기서 어느 쪽으로 가야 하는지
알려주시겠어요?"

"그건 네가 어디로 가고 싶은지에 따라
아주 다르지."

"어디든 상관없어요."

"그럼, 어느 길로 가든 상관없겠네."

루이스 캐롤, 이상한 나라의 앨리스 중

차례

이 책에 대한 찬사   4
이 책에 대하여   10
서문   13
들어가며   17

Part I. 철학

01	불변성과 변화	27
02	진정한 희소성	30
03	복제와 국소성	32
04	정체성의 문제	35
05	무결점의 개념	37
06	언론 자유의 힘	39
07	지식의 한계	41

Part II. 경제학

08	금융적 무지	47
09	인플레이션	51
10	가치	57
11	돈	59
12	역사와 돈의 몰락	63
13	부분 지급준비금의 광기	72
14	건전 화폐	77

Part III. 기술

15	숫자의 강력함	88
16	"신뢰하지 말고 검증하라"에 대한 고찰	96
17	시간을 알려주는 데는 노력이 필요하다.	103
18	천천히 움직여라 - 아무것도 깨뜨리지 않도록	107
19	프라이버시는 죽지 않았다.	112
20	사이퍼펑크는 코드를 작성한다.	115
21	비트코인의 미래에 대한 비유	118

결론	125
감사의 글	128
그림 목록	131
참고문헌	134

이 책에 대하여
(... 그리고 저자에 대하여)

이 책은 조금 특이하다. 비트코인은 약간 특이한 기술이기 때문에 비트코인에 대한 책으로 특이한 것이 걸맞을 수 있다. 내가 특이한 사람인지 잘 모르겠지만 나는 스스로를 평범한 사람이라 생각하고 싶다. 이 책이 어떻게 탄생하게 됐는지, 그리고 왜 내가 작가가 되었는지 이야기해볼 필요가 있다고 생각한다.

우선, 나는 작가가 아니다. 엔지니어다. 글쓰기 공부를 한 적이 없다. 나는 코드를 배웠고 코딩을 전공했다. 둘째, 비트코인에 대한 책은 말할 것도 없고 내가 책을 쓸거라 생각해 본 적이 없다. 난 심지어 원어민도 아니다. 그저 비트코인 버그를 잡던 사람일 뿐이다. 그것도 열심히.[1]

비트코인에 대한 책을 쓰는 나는 누구인가? 좋은 질문이다. 짧게 대답하면 쉽다. 내 이름은 지지Gigi이고, 비트코이너다. 길게 대답하자면 약간 미묘해진다. 내 전공은 컴퓨터 과학과 소프트웨어 개발이다. 예전에 나

---

1 내가 영어로 글을 쓰는 이유는 나의 뇌가 기술적인 내용이 떠오를 때마다 영어 모드로 전환되면서 신비롭게 동작하기 때문이다.

는 컴퓨터가 사고하고 추론할 수 있도록 연구하는 조직에 속해 있었다. 자동화 여권을 개발하고 그와 관련된 작업을 하기도 했는데 그건 훨씬 무시무시한 일이었다. 컴퓨터와 네트워크 분야에 대해 조금은 알고 있기 때문에 비트코인의 기술적 측면을 이해하는데 어느 정도 앞서 있다고 생각한다. 하지만 이 책에서 설명하고자 하는 것처럼 기술적 측면은 비트코인이라는 거대한 야수를 이루는 단 하나의 작은 조각에 불과하다. 그리고 이런 작은 조각 하나하나가 모두 중요하다.

이 책은 아주 간단한 질문으로부터 탄생했다. "당신은 비트코인에서 무엇을 배웠습니까?" 나는 이 질문에 대한 답을 트윗 한 줄에 담으려고 노력했다. 그러자 그 트윗은 트윗 폭풍이 되어 돌아왔다. 트윗 폭풍은 기사로 바뀌었고, 이내 기사는 세 개가 되었다. 세 개의 기사는 21가지 교훈으로 바뀌었다. 그리고 21가지 교훈이 이 책이 되었다. 내 생각을 트윗 한 줄로 압축하는 것이 정말 서툴렀던 것 같다.

"왜 이 책을 썼는가?"라고 물어볼 수 있겠다. 여기에도 짧은 대답과 긴 대답이 있다. 짧게 대답하자면, 단순히 그래야만 했기 때문이다. 나는 비트코인에 매료됐고 지금도 그렇다. 비트코인의 매력은 끝이 없다고 생각한다. 비트코인과 비트코인이 글로벌 사회에 미칠 영향에 대한 생각을 멈출 수가 없다. 길게 대답하자면, 비트코인은 우리 시대의 가장 중요한 발명품이며, 더 많은 사람들이 이 발명품의 본질을 이해해야 한다고 믿기 때문이다. 여전히 비트코인은 현대 사회에서 가장 오해받는 현상 중 하나이고, 나 역시 이 낯선 기술의 중요함을 깨닫기까지 몇 년이 걸렸다. 비트코인이 무엇인지, 그리고 비트코인이 우리 사회를 어떻게 변화시킬지 깨닫는 것은 심오한 경험이다. 나는 여러분의 머릿속에 이러한 깨달음으로 이어질 수 있는 씨앗을 심고 싶다.

이 섹션의 제목이 "이 책에 대하여(... 그리고 저자에 대하여)"이지만, 큰 틀에서 보면, 이 책, 내가 누군지, 내가 무엇을 했던 사람인지는 조금도 중요하지 않다. 말 그대로 나는 네트워크 속 한 노드에 불과하다. 무엇보다 여러분은 내가 하는 말을 그대로 믿어선 안 된다. 비트코이너들이 자주하는 말처럼, 스스로 조사하고 공부해야 한다. 가장 중요한 것은 믿지 말고 검증하라 Don't trust, verify. 는 것이다.

나는 독자 여러분이 공부하고 더 깊이 있게 살펴볼 수 있도록 다양한 자료를 제공하기 위해 최선을 다했다. 이 책의 각주 및 인용문 외에도 자료 목록을 최신 상태로 유지하려고 노력하고 있다. 21lessons.com/rabbithole과 bitcoin-resources.com에는 비트코인을 이해하는 데 도움될 만한 엄선된 자료, 서적, 팟캐스트가 많이 소개되어 있다.

요약하면, 이 책은 비트코이너가 쓴 비트코인에 관한 책이다. 이 책과 무관하게 비트코인이 존재하며, 당신이 비트코인을 이해하기 위해 이 책이 필요하지 않을지 모른다. 당신이 준비가 되어있다면 바로 비트코인을 이해할 수 있을 것이고, 비트코인을 이해했다면 받아들일 수 있을 것이다. 본질적으로 모든 사람이 아주 적절한 시기에 비트코인을 받아들이게 될 것이다. 그때까지 비트코인은 그 자체로 충분하다.[2]

---

[2] 뷰티온 – 비트코인이 존재한다. 그리고 그 자체로 충분하다. Beautyon – Bitcoin is. And that is enough. [8]

서문

비트코인 토끼굴에 빠지는 것은 이상한 경험이다. 많은 사람들이 그랬던 것처럼, 지난 20년 동안 정규 교육 과정에서 배운 것보다 비트코인을 공부하며 더 많은 것을 배운 것 같다.

이 책에서 소개할 교훈들은 내가 배운 내용들을 집약한 것이다. 처음에는 "내가 비트코인으로부터 배운 것What I've Learned From Bitcoin"이라는 연재물로 출판되어, 세 번째 버전까지 나오게 되었다.

비트코인이 그러하듯, 이 교훈들은 정적인 것이 아니다. 앞으로 주기적으로 버전을 업데이트하고 추가 자료를 공개할 예정이다.

비트코인과 달리, 이 글의 향후 버전은 이전 버전과 호환되지 않을 수 있다. 어떤 교훈은 확장될 수도 있고, 어떤 교훈은 재작업되거나 대체될 수도 있다.

비트코인은 지칠 줄 모르는 선생님이다. 그렇기 때문에, 나는 이 교훈들이 모든 것을 포괄하거나 완전하다고 주장하지 않겠다. 그저 내 개인적 토끼굴 여정의 투영일 뿐이다. 배워야 할 교훈이 더 많이 있을 것이고, 비트코인 세계에 발을 들여놓으면 저마다 다른 것을 배우게 될 것이다.

내가 정리한 교훈들이 여러분에게 도움이 되길 바라며, 책을 통해 배우는 과정이 스스로 배우는 것만큼 힘들고 고통스럽지 않기를 바란다.

21가지 교훈
21 Lessons

"오, 어리석은 앨리스!"

그녀는 다시 말했다.

"어떻게 여기서 교훈을 얻을 수 있겠니?
네가 있을 공간도 거의 없고
교재를 둘 데도 전혀 없잖아!"

루이스 캐롤, 이상한 나라의 앨리스 중

들어가며

> "전 미친 사람들이랑 어울리고 싶지 않아요." 앨리스가 말했다. "오, 그건 어쩔 수 없는데." 고양이가 말했다. "우리 모두 미쳤어. 나도 미쳤고, 너도 미쳤어." "제가 미쳤는지 어떻게 알아요?" 앨리스가 물었다. "넌 미친 게 틀림없어." 고양이가 대답했다. "아니라면 여기 오지도 않았을테니까."
>
> - 루이스 캐롤, 이상한 나라의 앨리스 -

2018년 10월에 아준 발라지Arjun Balaji는 나에게 물었다. "당신은 비트코인으로부터 무엇을 배웠나요?" 이 질문에 짧은 트윗으로 대답하려다 처참하게 실패하고야 깨달았다. 배운 것이 너무 많아 단번에 대답하기 어렵다는 것을 말이다.

내가 배운 것들은 분명히 비트코인에 대한 것이거나 적어도 비트코인과 관련된 것이다. 몇몇 교훈은 비트코인의 내부 작동을 설명하지만 나머지 교훈들은 그런 것들이 아니다. 다만 비트코인이 다루는 철학적 질문, 경제적 현실, 그리고 기술 혁신 같은 주제를 탐구하는 데 도움이 될 만한 것들이다.

21가지 교훈은 일곱 개씩 묶인 세 개의 장으로 나누어진다. 각 장에서는 비트코인을 각기 다른 시각으로 조명하고 이 낯선 네트워크를 다른 각도에서 살펴봄으로써 우리가 배울 수 있는 교훈을 이끌어낸다.

제1장에서는 비트코인의 철학적 가르침을 알아본다.

- 불변성과 변화
- 희소성의 개념
- 복제와 국소성의 모순
- 비트코인의 정체성 문제
- 비트코인의 무결성
- 언론 자유의 힘
- 지식의 한계

제2장에서는 비트코인의 경제적 가르침을 알아본다.
- 금융적 무지
- 인플레이션
- 가치
- 돈
- 돈의 역사
- 부분 지급준비금 제도
- 비트코인이 우회적인 방법으로 건전 화폐 사회를 만드는 방법

제3장에서는 기술을 통한 비트코인의 가르침을 알아본다.
- 숫자들이 중요한 이유
- 신뢰에 대한 고찰
- 시간이 오래 걸리는 이유
- 천천히 동작하고 깨지지 않는 것이 버그가 아닌 이유
- 비트코인 탄생이 프라이버시에 대해 말해주는 것
- 사이퍼펑크가 법이 아닌 코드를 작성하는 이유
- 비트코인의 미래를 탐험하는데 유용할지 모르는 비유들

각 교훈에는 인용둔과 링크가 포함되어 있다. 자세한 설명이 필요하다면 링크를 통해 자료를 확인해 보기 바란다. 비트코인에 대한 사전 지식이 있다면 도움이 되겠지만, 그렇지 않더라도 호기심 많은 독자라면 누구나 이 강의를 소화할 수 있기를 바란다. 서로 연관된 교훈들도 있지만, 각 교훈은 독립적이기 때문에 발췌하여 읽을 수 있다. 일부

어쩔 수 없는 전문 용어를 제외하고 기술적인 용어는 최대한 사용하지 않으려고 노력했다.

이 글이 다른 이들로 하여금 비트코인을 더 깊이 탐구하고 비트코인이 제시하는 깊이 있는 질문을 들여다 볼 수 있는 영감을 선사하길 바란다. 나 또한 수많은 저자와 콘텐츠 제작자로부터 영감을 받았다. 이 글을 빌어 도움을 준 모든 분들에게 깊은 감사의 마음을 전한다.

마지막으로, 이 글을 쓰는 나의 목표는 여러분을 설득하는 것이 아니다. 나의 목표는 여러분을 생각하게 하고 눈에 보이는 것이 비트코인의 전부가 아니라는 점을 알려주려는 것이다. 비트코인이 무엇인지, 비트코인이 여러분에게 무엇을 가르쳐줄지 알려줄 수 없다. 그것이 무엇인지는 여러분 스스로 알아내야 한다.

> "이 이후엔 되돌릴 수 없다네. 파란 약을 먹는 순간 이야기는 끝나고 침대에서 일어나 자네가 믿고 싶은 것을 믿게 되지. 만약 빨간 약을 먹는다면[3] 자네는 이상한 나라에 남게 될걸세. 그땐 이 토끼굴이 얼마나 깊은지 보여주지."
>
> - 모피어스

---

3 오렌지색 약 the orange pill 역주. 비트코인 세계에서는 비트코인 로고 색상을 본 따 오렌지 필이라 한다.

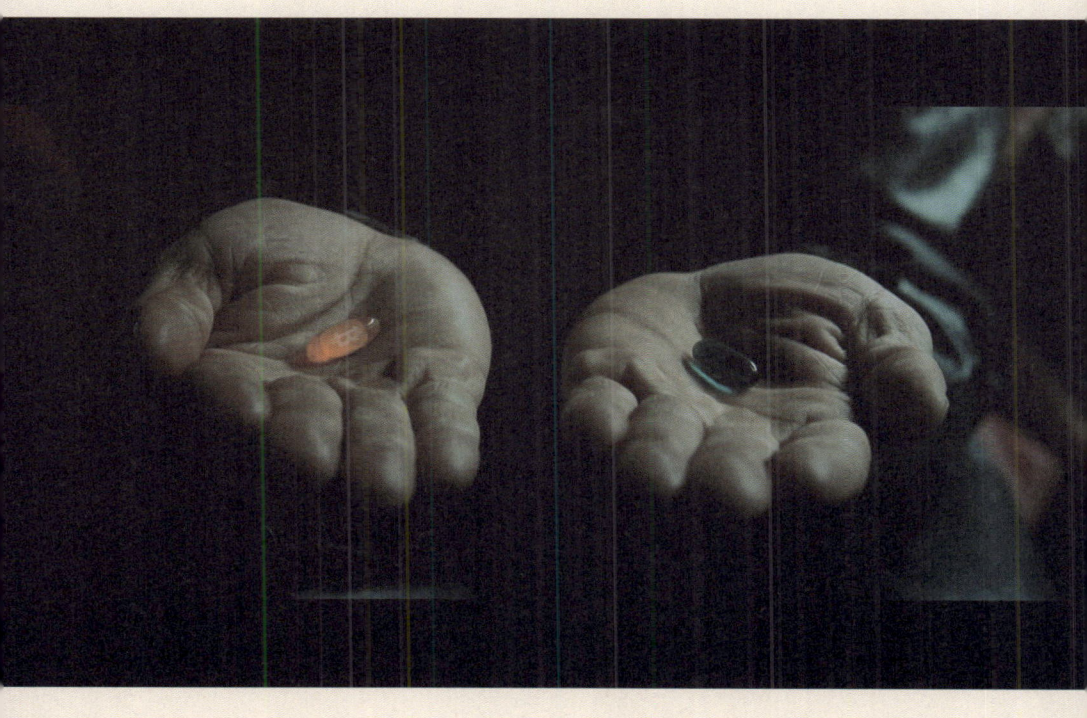

기억하세요.
제가 보여드리는 건 진실 뿐입니다.
그 이상은 없습니다.

Part I

철학

> "
> 생쥐는 호기심 어린 눈으로 앨리스를 바라보며 작은 눈으로 윙크하는 것 같았지만, 아무 말도 하지 않았다.
>
> - 루이스 캐롤, 이상한 나라의 앨리스 -

비트코인을 표면적으로만 보면 느리고, 낭비스럽고, 불필요하게 중복적이며, 지나치게 편집증적이라고 결론 내릴 수 있다. 하지만 비트코인을 자세히 들여다보면 언뜻 보이는 것과는 다르다는 것을 알 수 있다.

비트코인은 당신이 사실이라고 믿는 것들을 받아주는 듯하다가 당신의 머릿속을 헤집어 놓기 시작할 것이다. 잠시 후 당신이 평온을 찾을 때 쯤 다시 한번 고삐 풀린 망아지마냥 벽을 부수고 그 생각을 깨뜨릴 것이다.

비트코인은 다양한 분야로부터 영향을 받아 태어난 산물이다. 때문에 코끼리를 관찰하는 눈먼 승려처럼 이 새로운 기술에 다가가는 이들은 모두 다른 각도에서 접근하게 된다. 그리고는 이 짐승의 본성에 관해 각자의 결론을 내린다.

다음 교훈들은 비트코인이 깨뜨린 몇 가지 사실이라고 믿던 것들과 내가 도달한 결론에 대한 것들이다. 첫 네 개의 교훈에서 불변성, 희소성, 국소성, 정체성에 대한 철학적 질문을 탐구한다. 모든 장은 총 7가지 교훈으로 구성되어 있다.

그림 1 비트코인 황소를 조사하는 눈먼 승려

Part I - 철학

- 불변성과 변화
- 진정한 희소성
- 복제와 국소성
- 정체성의 문제
- 무결점의 개념
- 언론 자유의 힘
- 지식의 한계

다섯 번째 교훈에서는 비트코인의 기원에 대한 흥미로운 이야기 뿐 아니라 리더가 없는 시스템이 반드시 필요한 이유에 대해 살펴본다. 이 장의 마지막 두 개의 교훈에서는 언론의 자유와 비트코인 토끼굴의 놀라운 깊이에 비해 개인의 지식이 얼마나 부족한지에 대해 이야기하고자 한다.

과거에 내가 그랬고 지금도 그러하듯 여러분도 비트코인의 세계가 교육적이고 매력적이며 재미있다는 것을 알게 되기를 바란다. 흰 토끼를 따라가는 토끼굴 깊숙한 곳으로의 탐험에 당신을 초대한다. 지금부터 회중시계를 손에 쥐고 토끼굴로 빠져보자.

01
불변성과 변화

> "혹시 내가 하룻밤 사이 변한 건가? 어디 생각해 보자. 오늘 아침에 일어났을 때는 똑같았나? 이전과 조금 달랐던 것 같기도 한데… 좀 달랐다면, 지금의 난 도대체 누구란 말이지? 아, 정말 알다가도 모를 일이네!"
>
> - 루이스 캐롤, 이상한 나라의 앨리스 -

비트코인은 본질적으로 설명하기 어렵다. 비트코인은 새로운 개념이기에 디지털 금digital gold, 돈의 인터넷the internet of money 같은 이미 있는 개념에 빗대어 설명하기엔 뭔가 부족해 보인다. 당신이 가장 좋아하는 비유가 무엇이든 비트코인의 두 가지 측면은 반드시 필요하다. 탈중앙성과 불변성decentralization and immutability이 바로 그것이다.

비트코인을 이해하는 한 가지 방법은 자동화된 사회 계약으로 여기는 것이다.[4] 소프트웨어는 비트코인 퍼즐의 한 조각일 뿐이기 때문에 소프트웨어를 변경하여 비트코인을 바꾸려는 시도는 헛된 것이다. 비트코인을 바꾸기 위해선 네트워크 구성원들이 변경 사항을 받아들이도록 설득

---

[4] Hasu, Unpacking Bitcoin's Social Contract [32]

해야 하는데, 이는 소프트웨어 공학적 접근이라기보다 심리적 노력에 가깝다.

당신이 비트코인을 바꿀 순 없지만, 비트코인은 당신을 바꿀 것이다. You won't change Bitcoin, but Bitcoin will change you. 이 책에 나오는 다른 내용들처럼 이 말이 처음엔 터무니없게 들릴 수 있음에도 불구하고, 나는 이것이 매우 중요한 진실이라 믿어 의심치 않는다.

> "우리가 비트코인을 변하게 하는 것 보다 비트코인이 우리를 더 많이 변하게 할 것입니다."
>
> - 마티 벤트[5]

나는 그 심오함을 깨닫기까지 꽤 오랜 시간이 걸렸다. 비트코인은 소프트웨어일 뿐이고 모든 것이 오픈소스이기 때문에 마음대로 변경할 수 있는 것 아닌가? 틀렸다. 매우 잘못된 생각이다. 당연히 비트코인 창시자도 이 사실을 잘 알고 있었다.

> "비트코인의 특성상 0.1 버전이 출시되고 나면 핵심 설계는 평생 동안 확정된 것이나 다름없습니다."
>
> - 사토시 나카모토[6]

많은 사람들이 비트코인의 본질을 바꾸려고 시도했었다. 그러나 지금까지 그런 시도는 모두 실패했다. 끊임없는 포크와 알트 코인의 홍수 속에서도 비트코인 네트워크는 첫 번째 노드가 구동될 때와 마찬가지로 여전

---

5 Tales From the Crypt [10]
6 BitcoinTalk forum post: 'Re: Transactions and Scripts...' [56]

히 제 역할을 하고 있다. 장기적으로 알트코인은 하찮아질 것이고 포크된 체인은 결국 사장될 것이다. 수학이나 물리학에 대한 우리의 근본적 이해가 변하지 않는 한, 이 비트코인 벌꿀오소리^{비트코인을 벌꿀오소리라는 동물에 빗댄다. 벌꿀오소리는 힘과 회복력, 강인함으로 유명하다.}는 흔들리지 않을 것이다.

> "비트코인은 새로운 삶의 형태를 보여줍니다. 비트코인은 인터넷 속에 살아 숨 쉽니다. 지불하는데에 비트코인을 쓸 수 있기 때문에 비트코인은 살아있습니다. [...] 비트코인은 변하지 않습니다. 논쟁의 여지가 없습니다. 조작될 수도, 손상될 수도, 멈출 수도 없습니다. [...] 핵전쟁으르 지구 절반이 파괴되어도 청렴결백하게 살아남을 것입니다."
>
> — 랄프 머클[7]

비트코인 네트워크의 심장 박동은 우리 모두의 심장 박동보다 더 오래 뛸 것이다. 나는 이 사실을 깨닫고 나서 그 동안 쌓인 비트코인 블록보다 훨씬 더 큰 변화를 겪었다. 시간선호도, 경제에 대한 이해, 정치적 견해 등이 바뀌었다. 심지어 비트코인은 사람들의 식단까지 바꾸고 있다.[8] 이게 다 정신나간 소리로 들린다 해도 괜찮다. 당신만 그런게 아니다. 이 모든 것이 미친 소리 같지만, 실제로 일어나고 있는 일이다.

비트코인은 나에게 비트코인이 변하지 않는다는 것을 알려주었다. 내가 변할 뿐이다.

---

[7] DAOs, Democracy and Governance
[8] Inside the World of the Bitcoin Carnivores

02
진정한 희소성

> "충분해. 더는 커지지 않았으면 좋겠어."
>
> - 루이스 캐롤, 이상한 나라의 앨리스 -

일반적으로 기술의 발전은 모든 것을 더 풍요롭게 만드는 것 같다. 이전에는 소수의 사치품이었던 것을 더 많은 사람들이 누리게 되었다. 이대로라면 머지않아 우리 모두 왕처럼 살게 될 것이다. 그리고 대부분 이미 그렇게 살고 있다. 피터 디아만디스Peter Diamandis가 풍요Abundance라는 책에 쓴 것처럼 말이다.[24] "기술은 자원을 해방시키는 메커니즘이다. 기술은 한때 희소했던 것을 풍요롭게 만들 수 있다."

그 자체로 첨단 기술인 비트코인은 이런 추세를 깨고 진짜 희소성을 갖는 새로운 상품을 만들어냈다. 어떤 사람들은 비트코인이 우주에서 가장 희귀한 것 중 하나라 주장하기도 한다. 공급을 늘리려 아무리 노력해도 공급량을 늘릴 수가 없는 것이다.

'비트코인과 시간. 오직 이 두 가지만이 진정으로 희귀하다."

– 사이페딘 아모스[9]

역설적으로 이 희소성은 복제 메커니즘에 기인한다. 트랜잭션이 브로드캐스팅되고, 블록이 전파되며, 분산 원장이... 뭐 짐작했겠지만, 어쨌든 분산된다. 이 모든 것은 **복제**를 있어 보이게 설명하는 단어일 뿐이다. 심지어 비트코인은 개인이 노드를 실행하고 새로운 블록을 채굴하도록 장려함으로써 가능한 한 많은 컴퓨터에 스스로를 복사하게 만들기도 한다. 복제된 모든 것들이 희소성을 지키기 위해 공동의 노력으로 경이롭게 작동한다.

비트코인은 풍요의 시대에 진정한 희소성이 무엇인지 가르쳐 주었다.

---

9 Presentation on The Bitcoin Standard [2]

03

복제와 국소성

> "
> 다음으로 토끼의 화난 목소리가 들렸다. "팻! 팻! 어디야?"
>
> - 루이스 캐롤, 이상한 나라의 앨리스 -

    양자역학까지 갈 것도 없이 물리 세계에서는 국소성^{Locality}이 문제 되지 않는다.[10] "X는 어디에 있는가?"라는 질문에 X가 사람이든 사물이든 대답할 수 있다. 디지털 세계에서도 "어디에 있는가?"라는 질문이 까다롭긴 해도 대답하기에 불가능한 질문은 아니다. "이메일이 진짜로 어디에 있는가?" 이 질문을 듣고 "(내 컴퓨터가 아닌) 클라우드에 있어."라고 성의 없이 대답할 수 있다. 하지만 이렇게 대답해도 모든 저장 장치를 추적하면 이론상 이메일이 있는 곳을 찾을 수 있다.

    그러나 비트코인의 경우, "어디에 있는가?"라는 질문에 대답하기가 정말 까다롭다. 비트코인은 정확히 어디에 있는 걸까?

---

10 역주. 고전역학에서 국소성이란 공간적으로 떨어져 있는 두 물체가 서로 직접적으로 영향을 줄 수 없는 성질을 말한다. 반대로 양자역학에서는 두 물체가 떨어져 있더라도 양자 차원의 힘에 의해 상호 영향을 미치기 때문에 두 물체 간에는 비국소성을 갖는다고 말한다.

"수술 후 나는 눈을 뜨고 주위를 둘러보며 한탄스러울 정도로 진부하지만 피할 수 없는 그 질문을 했다. '여기가 어디지?'"

— 다니엘 데닛[11]

이 문제는 이중적이다. 하나는 분산 원장은 모든 기록을 복제한 것으로 어디에나 존재한다는 점이고, 다른 하나는 비트코인이 어디에도 존재하지 않는다는 점이다. 물리적으로도 기술적으로도 존재하지 않는다.

비트코인은 어떤 수량의 비트코인을 나타내는 특정한 것을 참조하는 것이 아니라 미사용 트랜잭션 출력Unspent Transaction Outputs, UTXO의 집합을 추적한다. 특정 수량의 비트코인이 존재한다는 것은 UTXO들 중 1억 기본 단위[12]로 기록되는 모든 데이터를 호출할 수 있음을 의미한다.

"비트코인은 지금 이 순간 어디로 이동 중일까요? [...] 일단, 비트코인은 없어요. 그냥 없어요. 존재하지 않아요. 공유된 원장이 존재할 뿐이죠. [...] 물리적으로 존재하지 않아요. 원장이 물리적 위치에 존재하는 거예요. 여기서 지리적 의미는 담지 맙시다. 당신 상식 선에서 이걸 이해하려고 해도 별 도움이 되지 않을 거예요."

— 피터 반 발켄버그[13]

비트코인이 어디에도 존재하지 않는다면, "비트코인을 갖고 있다."라는 문장에서 실제로 소유하고 있는 것은 무엇인가? 혹시 사용하던 지갑 때문에 억지로 옮겨 적어야만 했던 단어들을 기억하는가? 바로 이 단어들이 비트코인 공개 원장에 거래 기록을 추가할 수 있는 마법의 주문[14],

---

11 Daniel Dennett, Where Am I? [22]
12 역주. 1BTC = 10^8 sats
13 Peter Van Valkenburgh on the What Bitcoin Did podcast, episode 49 [71]
14 The Magic Dust of Cryptography: How digital information is changing our society [31]

즉 비트코인을 전송할 때 필요한 열쇠인 것이다. 그렇기 때문에 이 모든 의도와 목적에 따라 개인 키$^{\text{private key}}$가 곧 비트코인인 것이다. 이 모든 것이 내가 지어낸 것이라 생각한다면, 언제든 나에게 당신의 개인 키를 보내주길 바란다.

비트코인은 나에게 국소성이 얼마나 까다로운 것인지 알려주었다.

04
정체성의 문제

> "넌 누구니?" 애벌레가 물었다.
>
> - 루이스 캐롤, 이상한 나라의 앨리스 -

닉 카터N c Carter는 토마스 네이글Thomas Nagel의 "박쥐가 된다는 것은 무엇인가?What is it like to be bat?"를 오마주한 "비트코인이 된다는 것은 무엇인가?What is it like to be a bitcoin?"라는 질문에 훌륭한 글을 남겼다. 그는 일반적으로 개방형 블록체인, 특히 비트코인은, 테세우스의 배Ship of Theseus[15]와 같은 난제에 해당함을 탁월하게 서술했다. 과연 어떤 비트코인이 진짜 비트코인일까?

"비트코인 컴포넌트가 얼마나 변했는지 생각해보라. 비트코인의 전체 코드베이스는 재작업, 변경, 확장되어 첫 버전과 유사성이 거의 없을 정도로 수정되었다. [...] 누가 무엇을 소유하는지에 대한 기록, 즉 원장 자체만이 사실상 이 네트워크에서 유일하게 유지되고 있다. [...] 조정한 의미에

---

15 정체성의 형이상학에서. 테세우스의 배의 낡은 판자를 계속 교체하다 보면 어느 시점에는 원래 배 조각이 하나도 남지 않을 것인데 이것을 테세우스의 배라고 할 수 있을까?라는 의문을 제기하는 사고 실험이다. [95]

서 리더가 없는 것으로 간주되려면 특정 체인을 적법한 체인으로 지정할 수 있는 주체가 있다는 쉬운 해결책을 포기해야만 한다."

- 닉 카터[16]

이러한 철학적 질문은 기술의 발전으로 인해 더 진지하게 받아들여지게 된 것 같다. 조만간 자율주행차는 트롤리 문제[17]에 직면하게 될 것이며, 누구의 생명이 더 중요하고 덜 중요한지 윤리적 결정을 내려야 할 것이다.

특히나 논쟁의 여지가 많은 첫 번째 하드포크 이후, 암호화폐는 우리에게 정체성의 형이상학에 대해 생각해보고 동의하도록 강요하고 있다. 흥미롭게도 비트코인과 이더리움은 각각 다른 대답을 내놨다. 2017년 8월 1일, 비트코인은 두 진영으로 나뉘었다. 시장은 하드포크되지 않은 체인을 원래의 비트코인으로 받아들였다. 그보다 1년 정도 전인 2016년 10월 25일, 이더리움도 두 진영으로 나뉘었다. 시장은 하드포크된 체인을 원래의 이더리움이라고 결정했다.

제대로 탈중앙화되어 있다면, 네트워크의 가치가 지속되는 한 테세우스의 배 질문에 대한 답변은 한결같아야 한다.

비트코인은 탈중앙화가 정체성과 모순된다는 것을 가르쳐 주었다.

---

16 Nic Carter, What is it like to be a bitcoin? [19]
17 역주. 트롤리 문제 혹은 트롤리 딜레마는 우리에게 '갈림길을 향해 달리는 제동장치가 고장난 수레 실험'으로 유명하다. 이 실험은 다수를 위해 소수를 희생하는 것이 혹은 그 반대가 과연 윤리적으로 올바른 선택인가 질문한다.

05
무결점의 개념

> "그들의 머리가 사라졌습니다!" 병사들이 외쳤다.
>
> - 루이스 캐롤, 이상한 나라의 앨리스 -

누구나 기원이 훌륭한 서사를 좋아한다. 비트코인의 서사는 흥미진진하며 그 세세한 내용들은 생각보다 매우 중요하다. 사토시 나카모토는 누구일까? 한 사람일까, 아니면 여러 사람일까? 남자일까, 여자일까? 시간 여행을 하는 외계인일까, 그것도 아니라면 고도의 인공지능일까? 엉뚱한 상상력을 동원하더라도 우리는 아마 그의 정체를 알아낼 수 없을 것이다. 바로 이 사실이 매우 중요하다.

사토시는 익명을 선택했다. 그는 비트코인의 씨앗을 심었다. 비트코인 초창기에 네트워크가 안정될 때까지 충분히 오랜 기간 머물러있었다. 그러고는 사라졌다.

사실 진정한 탈중앙화 시스템을 위해서는 익명성이라는 특이한 기능이 매우 중요하다. 중앙화된 통제권과 중앙화된 권한이 없다. 발명가도 없다. 기소하거나 고문하거나 협박하거나 강탈할 대상이 없다. 이는 기술적으로 흠결없이 완벽한 개념이다.

"가장 멋진 점은 사토시가 사라졌다는 것입니다."

－지미 송[18]

비트코인 이후 수천 개의 암호화폐가 만들어졌다. 이러한 복제품 중 어느 것도 비트코인과 같은 서사를 가진 것은 없다. 비트코인을 대체하려면 비트코인의 탄생 스토리를 초월해야 한다. 아이디어 전쟁에서는 내러티브가 생존을 좌우한다.

"금은 7,000년 전 처음으로 보석으로 만들어졌고 물물교환에 사용되었다. 매혹적인 금의 광채 때문에 신이 내린 선물로 여겨졌다."

- 오스트리안 민트[19]

고대의 금처럼 비트코인을 신이 내린 선물로 여길 수 있다. 하지만 금과 달리 비트코인의 기원은 너무나도 인간적이다. 그리고 비트코인을 누가 개발하고 유지하는지 알 수 있다. 바로 익명이든 아니든 전 세계 사람들이다.

비트코인은 나에게 서사가 중요하다는 것을 가르쳐 주었다.

18　Jimmy Song, Why Bitcoin is Different [66]
19　The Austrian Mint, Gold: The Extraordinary Metal [46]

06

언론 자유의 힘

> "다시 한번 말씀해 주시겠어요?" 생쥐가 얼굴을 찡그리며,
> 하지만 아주 공손하게 물었다. "뭐라고 하셨죠?"
>
> - 루이스 캐롤, 이상한 나라의 앨리스 -

비트코인은 아이디어다. 현재 형태로는 순수하게 문자로만 구동되는 기계식 표현이다. 비트코인의 모든 것이 문자로 이루어져 있다. 백서가 문자로 되어있다. 노드가 실행하는 소프트웨어도 문자이다. 원장도 문자, 트랜잭션도 문자이다. 공개 키와 개인 키도 물론 문자이다. 비트코인의 모든 것이 문자로 구성되어 있어 언어와 동일하다.

> "의회는 특정 종교를 국교로 정하거나 자유로운 종교 행사를 금지하거나 언론의 자유를 막거나, 출판의 자유를 침해하거나, 평화로운 집회의 자유를 방해하는 등 국민의 권리를 저해하거나, 고충의 구제를 위해 정부에 청원할 권리를 제한하는 법률을 제정할 수 없다."
>
> - 미국 수정 헌법 제1조

크립토 전쟁the Crypto Wars[20]은 아직 끝나지 않았지만, 문자 메시지 교환을 기반으로 한 시도와 아이디어를 범죄로 규정하기란 매우 어려울 것이다. 정부가 문자나 말을 불법화하려고 할 때마다 부조리한 길로 빠지게 되고, 필연적으로 불법 숫자[21]나 불법 소수[22]같은 혐오스러운 결론으로 귀결되게 된다.

언론이 자유로운 세상이 존재하는 한, 비트코인을 멈출 수 없다.

> "비트코인 거래에서 비트코인이 문자가 아닌 순간은 없다. 항상 문자이다. [...] 비트코인은 문자다. 고로 비트코인은 언어이다. 미국처럼 양도할 수 없는 권리가 보장되고 수정 헌법 제1조에 따라 명시적으로 출판 행위를 정부 감시에서 제외하는 자유 국가에서는 이를 규제할 수 없다."
>
> - 뷰티온[23]

비트코인은 자유 사회에서 언론의 자유와 자유 소프트웨어를 막을 수 없다는 것을 가르쳐 주었다.

---

20 크립토 전쟁은 미국과 동맹국들이 암호화를 약화하려는 시도에 대한 비공식적 명칭이다. [27] [76]
21 불법 숫자는 일부 법적 관할에서 소유, 발언, 전파 또는 전송하는 것이 금지된 숫자이다. 모든 디지털 정보는 숫자이다. 결과적으로 특정 정보 집합을 전송하는 것이 불법일 수 있다. [82]
22 불법 소수prime number는 불법 숫자의 범주에 해당된다. 최초의 불법 소수는 2001년 필 카모디가 DVD의 복제 방지를 우회하는 컴퓨터 프로그램이다. 이러한 프로그램을 미국에서 배포하는 것은 불법이다. [83]
23 뷰티온, 미국이 비트코인을 규제할 수 없는 이유Beautyon, Why America can't regulate Bitcoin [7]

07

지식의 한계

> "그들의 머리가 사라졌습니다!" 병사들이 외쳤다.
>
> *- 루이스 캐롤, 이상한 나라의 엘리스 -*

비트코인에 빠지는 것은 사람을 겸손하게 만드는 경험이다. 나는 내가 많은 것을 안다고 생각했다. 교육받았고, 최소한 컴퓨터 과학에 대해서는 알고 있다고 생각했다. 수년간 공부했으니 디지털 서명, 해시, 암호학, 운영 보안, 네트워크에 대한 모든 것을 완벽히 알아야만 하지 않은가?

아니었다. 비트코인을 동작하게 하는 모든 기초 지식을 배우는 것은 어렵다. 이 모든 것을 깊이 이해하는 것은 불가능에 가깝다.

> "비트코인 토끼굴의 바닥을 본 사람은 아무도 없다."
>
> −제임스 롭[24]

---

[24] Jameson Lopp, tweet from Nov 11, 2018 [41]

그림 7.1 비트코인 토끼굴은 무한하다.

내가 읽어야 할 책 목록은 내가 읽을 수 있는 것보다 훨씬 빠르게 늘어나고 있다. 읽어야 할 논문과 기사는 사실상 끝이 없다. 이 모든 주제를 다루는 팟캐스트는 내가 들을 수 있는 것보다 많다. 참으로 겸손해진다. 게다가 비트코인은 계속 진화하고 있으며, 가속화되는 혁신의 속도를 따라가는 것은 거의 불가능에 가깝다. 첫 번째 층의 먼지가 아직 가라앉지도 않았는데 사람들은 이미 두 번째 층을 쌓았고, 이제는 세 번째 층을 만들기 위해 노력하고 있다.

비트코인은 내가 아는게 거의 없다는 걸 가르쳐 주었다. 비트코인 토끼굴의 바닥을 알 수 없다.

Part II

경제학

> "정원 입구 근처에 커다란 장미나무가 서 있었는데, 나무에 달린 흰색 장미를 정원사 세 명이 바쁘게 빨간색으로 칠하고 있었다. 앨리스는 참 신기한 일이라고 생각했다."
>
> - 루이스 캐롤, 이상한 나라의 앨리스 -

땅을 판다고 돈이 생기지 않는다. 그렇다고 믿는 것은 어리석은 일이며, 부모는 자식에게 이 진리를 되풀이하여 가르친다. 우리는 돈을 현명하게 사용하고, 경솔하게 써버려선 안되며, 좋은 시절에 저축하여 위기를 극복하라고 배운다. 결코 땅을 판다고 돈이 저절로 생기지 않는다.

비트코인은 내가 돈에 대해 알아야 한다고 생각했던 것보다 더 많은 것을 가르쳐 주었다. 나는 비트코인을 통해 돈의 역사, 은행, 다양한 경제학파 등 많은 것을 탐구할 수밖에 없었다. 비트코인을 이해하기 위한 공부는 나를 수많은 길로 이끌었고, 그중 일부를 이 장에서 살펴보고자 한다.

앞서 살펴본 첫 7가지 교훈에서는 비트코인이 던지는 몇 가지 철학적 질문에 대해 논하였다. 다음 7가지 교훈에서는 돈과 경제에 대해 자세히 살펴볼 것이다.

Part II - 경제학

- 금융적 무지
- 인플레이션
- 가치
- 돈
- 역사와 돈의 몰락
- 부분 지급준비금의 광기
- 건전 화폐

다시 강조하지만, 나는 표면적인 내용만 다룰 수 있을 것이다. 비트코인은 범위가 넓고 깊어서 하나의 강의, 에세이, 기사 또는 책에서 모든 주제를 다루는 것은 불가능하다. 그렇게 하는 게 과연 가능할지 의문이다.

비트코인은 새로운 형태의 돈으로 비트코인을 이해하기 위해서는 무엇보다 경제에 대해 배우는 것이 중요하다. 인간 행동의 본질과 경제 주체들의 상호 작용을 다루는 경제학은 아마도 비트코인 퍼즐에서 가장 크고 모호한 조각 중 하나일 것이다.

다시 한번 말하지만, 이 글은 내가 비트코인에서 배운 다양한 것들을 탐구한 것이다. 비트코인 토끼굴로 내려가는 나의 개인적 여정을 회고한 것이기도 하다. 경제학이 나의 전문 영역이 아니거니와 배경지식도 부족하므로 나의 이해가 불완전하다는 것을 알고 있다. 하지만, 바보로 보일 부담을 감수하고서라도 내가 배운 것을 설명하기 위해 최선을 다할 것이다. 여전히 나는 같은 질문에 답하기 위해 노력 중이다.

"비트코인으로부터 무엇을 배웠는가?What have you learned from Bitcoin?"

철학적 관점에서 7가지 교훈을 살펴보았으니, 이번에는 경제학적 관점에서 7가지 교훈을 더 살펴보자. 이번엔 경제 수업이고 최종 목적지는 건전 화폐sound money이다.

08
금융적 무지

> "그렇게 물어보면 나를 얼마나 무지한 아이로 보겠어.
> 안돼, 그런 건 질문하지 말아야지. 어딘가 쓰여있는 걸 봐야겠어."
>
> - 루이스 캐롤, 이상한 나라의 앨리스 -

가장 놀라웠던 점 중 하나는 언뜻 보기에 순수 기술적 시스템인 컴퓨터 네트워크를 이해하기 위해, 방대한 금융, 경제학, 심리학을 이해해야만 한다는 것을 알게 된 것이다. 한 호빗의 말을 빌리자면 이렇다. "비트코인에 발을 들이는 것은 위험한 일이야, 프로도. 백서를 읽고 발을 떼지 않으면 어디로 휩쓸릴지 몰라."

새로운 화폐 시스템을 이해하려면 기존 시스템을 알아야 한다. 나는 이내 교육 시스템에서 내가 누리던 금융 교육이 본질적으로 전무하다는 것을 깨닫기 시작했다.

그리고는 다섯 살짜리 아이처럼 스스로에게 질문하기 시작했다. 은행 시스템은 어떻게 작동하나? 주식 시장은 어떻게 작동하나? 법정화폐란 무엇인가? 정기금은 무엇인가? 빚이 왜 이렇게 많은가?[25] 실제로 인쇄되는 돈의 양은 얼마나 되며, 이를 결정하는 사람은 누구인가?

내 무지의 범위에 잠깐 당황했지만, 동료들이 있다는 사실에 안도했다.

> "중앙은행에서 커리어를 시작한 걸 포함해서 [...] 내가 금융기관에서 일한 지난 몇 년보다 비트코인이 더 많은 것을 가르쳐주었다는 사실이 아이러니하지 않습니까?"
>
> - 애런[26]

> "나는 지난 3년 반의 대학 생활 동안보다 암호화폐 분야에서의 마지막 3개월 동안 금융, 경제, 기술, 암호학, 인간 심리학, 정치, 게임 이론, 입법 그리고 나 자신에 대해서 더 많이 배웠습니다."
>
> - 더니[27]

이것은 트위터 전체에 퍼져있는 수많은 고백 중 단 두 개에 불과하다.[28] 지난 교훈에서 살펴본 것처럼 비트코인은 살아있다. 미제스는 경제학도 살아있는 생물이라 주장했다. 그리고 우리 모두 개인적 경험을 통해 알고 있듯이 살아있는 생물을 이해하기란 어렵다.

> "과학 시스템은 끊임없이 진보하는 지식 탐구의 한 정거장에 불과하다. 그것은 필연적으로 모든 인간 노력에 내재된 부족함으로 인해 영향을 받는다. 그러나 이러한 사실을 인정한다고 해서 오늘날의 경제학이 후진적이라는 의미는 아니다. 이는 단지 경제학이 살아있는 것이라는 의미일 뿐

---

25 https://www.usdebtclock.org
26 Aaron (@aarontaycc, @fiatminimalist), tweet from Dec. 12, 2018 [45]
27 Dunny (@BitcoinDunny), tweet from Nov. 28, 2017 [25]
28 http://bit.ly/btc-learned

이다. 그리고 산다는 것은 불완전하다는 것과 변화한다는 것을 동시에 의미한다."

- 루드비히 폰 미제스[29]

우리 모두 뉴스에서 다양한 금융 위기 소식을 접하고, 대규모 구제 금융이 어떻게 작동하는지 궁금해하며, 수조 달러에 달하는 손해를 아무도 책임지지 않는다는 사실에 당황한다. 여전히 의아하지만 적어도 나는 금융의 세계에서 무슨 일이 일어나고 있는지 엿볼 수 있게 되었다.

혹자는 심지어 이러한 경제에 대한 무지가 체계적이고 고의적이라 말한다. 역사, 물리학, 생물학, 수학, 언어가 우리 교육의 일부인 반면, 놀랍게도 돈과 금융의 세계는 피상적으로만 다루어진다. 모든 사람이 개인 금융과 돈과 부채의 작동 원리에 대해 교육을 받고도 지금처럼 많은 빚을 지게 될지 궁금하다. 그렇다면 알루미늄을 몇 겹이나 겹쳐야 효과적인 은박 모자(은박지로 만든 모자를 쓰면 정부의 감시나 외계인의 정신 통제를 피할 수 있다고 믿는다.)를 만들 수 있을까? 아마 세 겹일 것이다.

> "이러한 붕괴와 구제 금융은 우연이 아니다. 그리고 학교에서 금융 교육을 하지 않는 것도 우연이 아니다. [...] 계획된 것이다. 남북전쟁 이전에 노예를 교육하는 것이 불법이었던 것처럼, 학교에서 돈에 대해 배우는 것은 허용되지 않는다."
>
> - 로버트 기요사키[30]

오즈의 마법사에서처럼 세상은 우리에게 장막 뒤에 있는 사람에게 관심

---

29 Ludwig von Mises, Human Action [72]
30 Robert Kiyosaki, Why the Rich are Getting Richer [39]

을 두지 말라고 한다. 하지만 오즈의 마법사와는 달리, 이제 우리는 검열에 저항하는 개방적이며 국경 없는 가치 전송 네트워크인 진정한 마법사[31]를 만나게 되었다. 커튼은 없고, 마법은 누구나 볼 수 있다.[32]

비트코인은 장막 뒤에서 나의 금융적 무지와 직면하게 해주었다.

---

31 http://bit.ly/btc-wizardry
32 https://github.com/bitcoin/bitcoin

09

인플레이션

> "얘야, 제자리에 머물기 위해선 최대한 빨리 달려야 해.
> 그리고 만약 어디든 가고 싶다면, 그보다 두 배로 달려야 해."
>
> - 하트 여왕의 대사, 루이스 캐롤, 거울 나라의 앨리스 -

나의 경제학 탐구의 출발점은 통화 인플레이션을 이해하는 것과 비트코인처럼 인플레이션 없는 시스템이 우리가 일하는 방식을 어떻게 바꿀 수 있는지 이해하는 것이었다. 나는 인플레이션이 새로운 돈이 창출되는 비율이라는 것 그 이상은 알지 못했다.

일부 경제학자들이 인플레이션은 좋은 것이라 주장하는 반면, 어떤 경제학자들은 금본위제 시대의 금처럼 쉽게 수량을 늘리기 어려운 경화^{hard currency}가 건전한 경제에 필수적이라 주장한다. 2,100만 개로 공급량이 고정된 비트코인은 후자의 의견을 반영한 것이다.

일반적으로 인플레이션의 영향은 즉각적으로 나타나지 않는다. 인플레이션율 및 기타 요인에 따라 결과가 나타나기까지 몇 년이 걸릴 수도 있다. 무엇보다 인플레이션은 광범위한 영향을 끼친다. 헨리 해즐릿Henry Hazlitt은 경제학의 교훈Economics in One Lesson에서 다음과 같이 말한다. "경제학은 어떤 행동이나 정책의 즉각적 효과뿐만 아니라 장기적 효과를 살펴보고, 그 정책의 결과가 한 집단에 국한되지 않고 모든 집단에 미치는 영향을 추적하는 것으로 구성된다."

개인적으로 가장 충격적인 사실은 새로운 화폐를 발행하는 것, 즉 돈을 찍어내는 것이 일반적인 경제 활동과는 완전히 다른 행위라는 것이다. 실제 상품과 서비스는 사람들을 위해 실질적 가치를 창출하지만, 돈을 찍어내는 것은 그 반대 역할을 한다. 통화를 부풀려 모든 사람들에게서 가치를 빼앗아가기 때문이다.

> "인플레이션은, 즉 화폐를 더 많이 발행하고 그 결과 임금과 물가가 상승하는 것은 단지 더 많은 수요를 창출하는 것처럼 보일 수 있다. 하지만, 생산과 교환의 측면에서 실제 가치가 창출되는 것은 아니다."
>
> - 헨리 해즐릿[33]

인플레이션의 폐해는 규모가 커지는 순간 명백하게 드러난다. 화폐가 과도하게 팽창되면 상황은 순식간에 추악해진다.[34] 팽창하던 화폐가 무너지면 가치를 저장하지 못하게 되고 사람들은 어떤 상품이든 손에 넣기 위해 서두르게 될 것이다.

---

33 Henry Hazlitt, Economics in One Lesson [35]
34 https://en.wikipedia.org/wiki/Hyperinflation [81]

그림 6.1 바이마르 공화국의 초인플레이션 (1921-1923)

초인플레이션의 또 다른 결과는 사람들이 평생 저축한 돈이 사실상 사라지게 된다는 것이다. 물론 지갑에 돈이 그대로 있을 테지만, 그 돈은 가치없는 종이와 같을 것이다.

가벼운 인플레이션으로도 돈의 가치는 결국 하락한다. 대부분의 사람들이 알아차리지 못할 정도로 천천히 구매력이 감소한다. 그리고 일단 인쇄기가 가동되면 통화는 쉽게 부풀려질 수 있다. 예전에는 가벼운 인플레이션이었던 것이 버튼 하나만 누르면 강력한 인플레이션으로 바뀔 수 있는 것이다. 프리드리히 하이에크가 그의 에세이에서 지적했듯이, 가벼운 인플레이션은 대개 명백한 인플레이션으로 이어진다.

> "가볍고 지속적인 인플레이션은 도움이 되지 않으며, 이는 결국 노골적인 인플레이션으로 이어진다."
>
> - 프리드리히 하이에크[35]

인플레이션은 인쇄기에 더 가까이 있는 사람에게 유리하기 때문에 특히 악랄하다. 새로 만들어진 돈이 유통되고 가격이 조정되는 데에 시간이

---

35 Friedrich Hayek, 1980s Unemployment and the Unions [33]

걸리므로 돈의 가치가 하락하기 전에 더 많은 돈을 손에 넣을 수 있다면 인플레이션을 피해 돈을 쓸 수 있다. 이것이 인플레이션을 숨겨진 세금으로 볼 수 있는 이유이기도 하다. 결국 정부는 인플레이션으로 이익을 취하고, 모든 국민이 그 대가를 치르게 된다.

> "역사는 대체로 인플레이션의 역사라고 해도 과언이 아니며, 대개는 정부가 정부의 이익을 위해 조작한 인플레이션의 역사이다."
>
> - 프리드리히 하이에크[36]

역사적으로 정부가 통제하는 모든 통화는 결국 교체되거나 완전히 붕괴되었다. 인플레이션 비율이 아무리 낮더라도 꾸준한 증가는 결국 기하급수적 팽창으로 귀결될 뿐이다. 자연에서와 마찬가지로 경제에서도 기하급수적으로 성장하는 모든 시스템은 결국 평준화되거나 재앙적 붕괴를 겪게 될 것이다.

아마 "우리나라는 괜찮아."라고 생각할 수 있다. 하지만 당신이 현재 초인플레이션으로 고통받는 베네수엘라 국민이라면 얘기가 다르다. 인플레이션율이 백만 퍼센트가 넘는 상황에서 기본적으로 돈은 가치가 없다.[73]

앞으로 몇 년 안에, 또는 당신의 국가에서 사용되는 특정 통화에서는 그러한 인플레이션이 발생하지 않을 수 있다. 그러나 위키피디아의 역사 속 통화 목록[37]을 살펴보면 인플레이션은 오랜 기간에 걸쳐 반드시 일어날 것임을 알 수 있다. 오스트리아 실링, 독일 마르크, 이탈리아 리

---

36 Friedrich Hayek, Good Money [34]
37 List of historical currencies 위키피디아 [88]

라, 프랑스 프랑, 아일랜드 파운드, 크로아티아 디나르 등. 우리 할머니는 오스트리아-헝가리 크로네도 사용하셨었다. 시간이 지나면 현재 사용되고 있는 통화들[38]도 분명 각자의 무덤으로 이동하게 될 것이다. 이 통화들은 과도하게 팽창하거나 교체되어 역사의 뒤안길로 사라질 것이다. 우리가 결국 그 화폐들을 쓸모 없게 만들 것이다.

> "정부가 화폐 공급을 부풀리려는 유혹에 굴복할 수 밖에 없다는 사실은 역사가 잘 말해준다."
>
> - 사이페딘 아모스[39]

그렇다면, 비트코인은 왜 다른가? 정부가 강제하는 통화와 달리, 정부가 규제하지 않고 물리적 법칙에 의해 규제되는 화폐 상품[40]은 시간이 지나도 생존하며 그 가치를 유지하는 경향을 보인다. 오늘날까지 가장 좋은 예는 금이다. 금 대비 괜찮은 양복 값의 비율 Gold-to-Decent-Suit Ratio[41]이라는 이름에서 알 수 있듯이 금은 수백 년, 심지어 수천 년 동안 가치를 유지하고 있다. 단기적으로 완벽하게 안정적이지는 않을 수도 있지만(애초에 완벽하게 안정적이라는 것이 의심스러운 개념이지만), 분명한 것은 적어도 금이 갖는 가치는 유지될 것이라는 사실이다.

금전적 상품이나 화폐가 시간과 공간을 초월하여 가치를 유지한다면 견고하다고 여겨진다. 반대로 쉽게 가치가 떨어지거나 부풀려져 가치를 유지할 수 없다면 연화 soft currency로 간주된다. 견고함 hardness의 개념은 비트코

---

38 List of currencies 위키피디아 [87]
39 Saifedean Ammous, The Bitcoin Standard [1]
40 지지, 비트코인의 에너지 소비 - 관점의 전환 Gigi, Bitcoin's Energy Consumption - A shift in perspective [30]
41 시오나 Siona 투자 매니저에 따르면 역사적으로 금 1온스 가격은 괜찮은 남자 정장 가격과 동일하다. [42]

인을 이해하는 데 필수적이며 좀 더 자세히 살펴볼 가치가 있다. 경제학의 마지막 교훈 건전 화폐sound money에서 이를 다시 다룰 것이다.

초인플레이션에 시달리는 국가가 늘어날수록 더 많은 사람이 경화와 연화의 차이를 직시하게 될 것이다. 운이 좋다면 일부 중앙은행가들도 자국의 통화정책을 재검토하게 될지 모른다. 어떤 일이 일어나든 어떤 결과가 나타나든 비트코인 덕에 얻은 나의 통찰력은 매우 귀중한 자산이 될 것이다.

비트코인은 나에게 인플레이션이라는 숨겨진 세금과 초인플레이션의 재앙에 대해 가르쳐 주었다.

10
가치

> "하얀 토끼가 다시 천천히 돌아오면서 무언가를 잃어버린 것처럼 걱정스럽게 주위를 둘러보았다."
>
> - 루이스 캐롤, 이상한 나라의 앨리스 -

가치는 다소 역설적인 개념이다. 어떤 무언가가 다른 무언가에 비해 가치 있다고 판단하는 이유를 설명하는 여러 이론이 있다.[42] 사람들은 수천 년 간 이 역설을 알고 있었다. 플라톤이 에우티데모스와의 대화에서 말했듯이, 우리가 어떤 것을 소중히 여기는 이유는 단순히 생존을 위한 필요성 때문이 아니라 희소성 때문이기도 하다.

> "그런데 두 분이 제정신이라면, 똑같은 충고를 제자들에게도 하실 겁니다. 당신과 자기 자신들 말고는 누구와도 결코 대화를 나누지 말라고 말입니다. 에우티데모스, 귀한 것은 값지고, 핀다로스의 말처럼 물은 아무리 훌륭해도 가장 싼 것이기 때문입니다."
>
> - 플라톤[43]

---

42 가치 이론 Theory of value (economics) 위키피디아 [99]
43 Plato, Euthydemus [60]

이 가치의 역설[44]은 우리 인간의 매우 흥미로운 일면을 보여준다. 우리는 주관적 기준[45]으로 가치를 측정하는 것 같지만, 사실 가치는 임의의 기준이 아닌 특정 기준에 따라 측정된다. 어떠한 것이 여러 주관적 이유에서 개개인에게 가치를 가질 수 있지만, 우리가 가치 있다고 판단하는 것들은 대개 보편적 특성을 갖는다. 무언가를 아주 쉽게 모방할 수 있거나 자연에서 쉽게 얻을 수 있다면, 우리는 그것을 가치 있다고 말하지 않는다.

우리가 무언가를 가치있게 여기는 이유는 희소하고(예: 금, 다이아몬드, 시간), 생산하기 어렵거나 노동집약적이며, 대체할 수 없고(예: 사랑하는 사람의 오래된 사진), 우리가 할 수 없던 일을 가능하게 해줄 정도로 유용하기 때문이거나, 또는 이러한 이유들이 복합적으로 결합되어 있기 때문인 것 같다.

비트코인은 앞서 언급한 모든 것을 갖추고 있다. 극도로 희귀하고(총 공급량 2,100만 개), 생산하기 점점 어려워지고 있고(반감기), 대체할 수 없으며(개인 키 분실 시 영원히 손실), 매우 유용한 작업을 수행할 수 있게 해준다. 비트코인은 틀림없이 국경을 넘어 가치를 이전하는 최고의 도구이며 그 과정에서 발생할 수 있는 검열과 몰수에 저항한다. 게다가 비트코인은 자기주권적 가치 저장소로서 개인이 은행과 정부로부터 독립적으로 온전히 자신의 부를 저장할 수 있게 해준다.

비트코인은 가치는 주관적이지만, 임의적이지 않다는 것을 가르쳐 주었다.

---

44 가치의 역설 Paradox of value 위키피디아 [93]
45 주관적 가치 이론 Subjective theory of value 위키피디아 [97]

11

돈

> "–나는 젊었을 때부터, ... 한 통에 5실링원작에는 1실링이라 나온다.하는
> 이 연고를 발라서, 팔다리가 아주 유연해. 너도 나한테
> 한두 개 사서 발라보지 않을래?"
>
> - 루이스 캐롤, 이상한 나라의 앨리스 -

돈이란 무엇인가? 우리는 매일 돈을 사용하며 살고 있지만 놀랍게도 이 질문에 대답하기는 어렵다. 저마다 크고 작게 돈에 의존하며 살아가고 있고 돈이 너무 없으면 살기 힘들다는 것은 안다. 그러나 돈이 세상을 어떻게 돌아가지 하는지 그 원동력에 대해선 거의 생각하지 않는다. 비트코인은 나에게 돈이 도대체 무엇인가?What the hell is money?라는 질문에 대답을 강요했다.

현대 사회를 사는 대부분은 돈이라 하면 지폐를 떠올릴 것이지만, 사실 대부분의 돈은 은행 계좌에 있는 숫자에 불과하다. 그렇다면 이미 우리가 0과 1을 돈으로 사용하고 있다는 것인데 비트코인은 어떻게 다르다는 걸까? 비트코인은 우리가 현재 사용하는 돈과 본질적으로 매우 다른

유형의 돈이다. 이를 이해하려면 돈이 무엇인지, 화폐가 어떻게 생겨났는지, 금과 은은 역사적으로 왜 가장 빈번하게 사용되는 화폐였는지를 자세히 살펴보아야 한다.

조개껍데기, 금, 은, 종이, 비트코인. 결국 **사람들이 사용한다면** 무엇이든 돈이 될 수 있다. 모양, 형태, 또는 그 부족함과는 관계가 없다.

돈은 기발한 발명품이다. 돈이 없어지면 세상은 엄청나게 복잡해진다. 새 신발을 사려면 얼마나 많은 물고기가 필요할까? 집을 사는데 소가 몇 마리 필요할까? 아무것도 살 필요가 없는 상황에서 곧 썩어버릴 사과를 처리해야 한다면? 물물교환 경제가 엄청나게 비효율적임을 깨닫는 것은 그리 어렵지 않다.

돈의 가장 큰 장점은 무엇과도 교환할 수 있다는 것이다. 정말 대단한 발명품이다. 닉 재보[46]는 셸링 아웃: 화폐의 기원[47]에서 다음과 같이 서술했다. "우리 인간은 상아, 조개, 특별한 뼈와 같은 희귀 재료로 만든 구슬, 다양한 종류의 장신구, 나중에는 은과 금 같은 희귀 금속까지 모든 종류의 것을 돈으로 사용했다."

> "이런 의미에서, 비트코인은 귀금속과 더 비슷하다. 가치를 유지하기 위해 공급량을 변경하는 대신 공급량을 미리 결정하고 가치가 변동된다."
>
> -사토시 나카모토[48]

---

46 http://unenumerated.blogspot.com
47 Shelling out: The Origins of Money
   역주. Shell out은 '지불하다'라는 뜻으로 쓰이는데, 조개shell로 지불하는데서 유래되었다고 한다.
48 Satoshi Nakamoto, in a reply to Sepp Hasslberger [50]

인간은 게으른 동물이기 때문에 당장 잘 작동하는 것은 별로 걱정하지 않는다. 우리 대부분에게 돈은 잘 작동한다. 하지만 자동차나 컴퓨터처럼 어떤 것이 고장난 후엔 내부 작동 원리를 생각하게 된다. 초인플레이션으로 인해 일생을 바쳐 모은 저축이 사라지는 것을 본 사람들은 경화 hard money 의 가치를 잘 알고 있다. 마치 나치 독일이나 소련 러시아의 잔혹 행위로 인해 친구와 가족의 죽음을 경험한 사람들이 프라이버시의 가치를 아는 것과 같다.

문제는 돈이 우리의 생활 전반에 영향을 끼친다는 것이다. 돈은 전체 거래의 절반을 차지하고 있고, 돈을 만드는 일을 담당하는 사람은 엄청난 힘을 가진다.

> "돈이 모든 상거래의 절반을 차지하고 있고 돈의 질에 따라 모든 문명의 흥망성쇠가 결정된다는 것을 감안할 때, 우리는 우리도 모르는 사이에 일어나고 있는 엄청난 힘에 대해 이야기하고 있는 것이다. 그 힘은 그들이 원하는 환상을 진짜처럼 보이게 하는 데 사용되고 있다. 이것이 연방준비제도가 가진 힘의 핵심이다."
>
> - 론 폴[49]

돈은 여러 차례 반복을 거치고 있다. 대부분의 반복은 괜찮았다. 어떤 식으로든 개선되었다. 그러나 최근에 화폐의 내부 작동이 손상되었다. 오늘날 거의 모든 화폐는 권력에 의해 무에서 유를 창조하고 있다. 어떻게 이런 일이 벌어졌는지 이해하기 위해 나는 돈의 역사와 몰락에 대해 배워야 했다.

---

49 Ron Paul, End the Fed [57]

이 부패를 바로잡기 위해서 일련의 재앙이 불어닥쳐야 할지 아니면 단순히 경제 교육이 개선되어야 할지는 아직 미지수이다. 하지만 건전 화폐의 신에게 후자이기를 기도해 본다.

비트코인은 나에게 돈이 무엇인지 알려주었다.

12
역사와 돈의 몰락

> "불 속에 들어가면 화상을 입는다, 칼로 손가락을 깊게 자르면 대개 피가 난다 등 친구들이 알려준 간단한 규칙도 잊지 않았고, '독'이라고 적힌 병을 마시면 조만간 죽을게 확실하단 사실도 잊지 않았다고 하네요."
>
> - 루이스 캐롤, 이상한 나라의 앨리스 -

  많은 사람들은 돈이 두꺼운 벽으로 감싸진 큰 금고에 보관된 금으로 뒷받침된다고 생각한다. 이것은 수십 년 전부터 더 이상 사실이 아니다. 사실 난 금이나 지폐에 대해, 혹은 애초에 돈이 무언가에 의해 뒷받침되어야 한다는 것을 거의 이해하지 못한 채 더 깊은 혼돈에 빠졌고, 그 이후로 무슨 생각을 했는지 조차 모르겠다.

  비트코인 교훈의 일부는 명목 화폐에 대해 배우는 것이다. 명목 화폐가 무엇을 의미하는지, 어떻게 생겨났는지, 그것이 최선이 아닐 수 있는지에 대해서 말이다. 그렇다면 명목 화폐는 정확히 무엇일까? 그리고 우리는 어떻게 명목 화폐를 사용하게 되었을까?

```
Origin
    LATIN           LATIN
    fieri    →      fiat     →    fiat
  be done or     let it be done   late Middle English
    made

late Middle English: from Latin, 'let it be done,' from fieri 'be done or made.'
```

그림 12.1 명목 화폐의 사전적 의미 – '그대로 될지어다.Let it be done.'

어떤 것이 명목적이라는 의미는, 공식적 승인 또는 발의에 의해 부여받은 것임을 의미한다. 따라서 명목 화폐는 단순히 누군가가 그것이 돈이라고 말했기 때문에 돈이 된 것이다. 오늘날 모든 정부가 명목 화폐를 사용하므로 여기서 그 누군가는 바로 정부이다. 안타깝게도 우리에겐 이러한 가치 제안value proposition을 거부할 자유가 없다. 이것이 표면적으로 폭력적이지 않을 뿐 모든 것을 제약하는 것임을 금방 알아차렸을 것이다. 사업을 하고 세금을 내는 데에 이 종이 돈을 사용하지 않겠다고 한다면, 당신이 경제에 대해 논의할 수 있는 사람은 감방 동료 밖에 없을 것이다.

명목 화폐의 가치는 그 자체가 지니는 고유한 속성 때문이 아니다. 명목 화폐 간 상대적 가치는 그 명목 화폐의 존속을 꿈꾸는 사람들의 정치적, 재정적 안정성에 의해 좌우된다. 법령이 임의로 명목 화폐에 가치를 부여한다.

최근까지도 두 종류의 화폐가 쓰였다. 하나는 귀중품으로 만든 상품 화폐commodity money이고, 다른 하나는 귀중품의 가치를 뒷받침하는 대리 화폐representative money이다. 대다수 대리화폐의 가치는 화폐에 쓰인 문구에서 비롯된다.

우리는 이미 상품화폐에 대해 다루었다. 사람들은 특별한 뼈와 조개껍질, 귀금속을 화폐로 사용했다. 그 후에는 주로 금과 은으로 동전을 만들어 사용했다. 지금까지 발견된 가장 오래된 동전은 2,700년도 더 된 것으로 순수 금과 은의 혼합물로 만들어졌다.[50] 동전coin이라는 개념을 비트코인이 처음 도입한 것이 아니라는 뜻이다.

그림 12.2 리디아의 일렉트럼 동전
(출처: Classical Numismatic Group)

동전을 모으는 것hoarding, 비축하기, 시쳇말로 호들링은 동전의 역사 만큼이나 오래된 것으로 밝혀졌다. 최초의 동전 호들러는 100여 개의 동전을 냄비에 넣고 사원 기둥에 묻은 사람이었다. 이것은 2,500년이 지난 후에야 발견되었는데 냉동보관cold storage이 꽤 괜찮은 방법이라 할 수 있겠다.

금속 동전의 단점 중 하나는 동전 귀퉁이를 잘라 가치를 떨어뜨릴 수 있다는 것이다. 잘라낸 조각으로 새 동전을 주조하면 화폐량이 늘어나

---

50 기원전 15년 전에 쓰인 헤로도토스의 그리스 역사에 의하면 리디아인들은 금, 은 주화를 사용한 최초의 사람들이었다고 한다. [47]

Part II. 경제학 65

기 때문에 시간이 지날수록 가치가 떨어질 수 있다. 당시 사람들은 은화를 가능한 한 최대한 깎아내고 shaving off 사용했다. 그 시대의 달러 셰이브 클럽 Dollar Shave Club, 미국 면도기 제조 기업의 광고는 어땠을지 궁금해진다.

정부는 정부 주도의 인플레이션에는 관대했지만, 민간에서 행해지는 인플레이션인 동전 자르기 행위는 두고 볼 수 없었다. 한때 유행하던 경찰과 강도 놀이처럼, 동전 자르기는 점점 창의적으로 자행되었기 때문에 조폐국은 이를 능가하는 창의성을 발휘해야만 했다. 당시 수학 원리 Principia Mathematica로 명성을 얻은 세계적 물리학자 아이작 뉴턴은 이를 해결한 사람 중 한 명이다. 동전 옆 테두리에 톱니바퀴 무늬를 추가하여 이를 해결하였는데, 이 방법은 오늘날까지도 적용되고 있다. 이것으로 동전 자르기의 시대는 막을 내리게 된다.

그림 12.3 심각하게 잘린 은화

이러한 가치 하락 방법[51]을 억제하더라도 동전에는 여전히 다른 문제가 있다. 특히 대량의 가치를 이전할 때, 동전은 부피가 크고 운송이 그리

---

51 자르기 외에도 스웨팅(가방에 있는 동전을 흔들어 발생한 가루를 모으는 것), 플러깅(가운데 구멍을 뚫고 동전을 납작하게 두드려 구멍을 막는 것) 등이 자주 발생하였다. [89]

편하지 않다. 벤츠를 사고 싶을 때마다 엄청난 양의 은화가 든 가방을 들고 나타난다고 상상해보자.

독일 얘기가 나온 참에, 독일인들이 말하는 '미국 달러가 어떻게 달러라는 이름을 갖게 됐는지'에 대한 이야기가 매우 흥미롭다. 달러dollar라는 단어는 독일어 요하킴스탈러Joachimsthaler의 줄임말인 탈러Thaler에서 유래되었다고 한다.[98] 요하킴스탈러는 상트 요하킴스탈Sankt Joachimsthal, 현재는 체코에 있으며 현지어로는 야히모프(Jahimov)라 불린다.이라는 마을에서 주조된 동전을 말했다. 탈러는 단순히 '요하킴스탈러 계곡 출신 사람'의 약칭이었고 요하킴스탈러는 은화를 생산하는 계곡 이름이었기 때문에 자연스럽게 은화를 탈러라고 부르게 되었다. 요하킴스탈 계곡에서 온 누군가가 요하킴스탈러를 탈러라 줄여 부르기 시작했고, 독일어 탈러Thaler가 네덜란드어 달더스daalders로 변형되어 최종적으로 영어 달러dollars가 되었다고 한다.

그림 12.4 달러의 기원
마법사 모자를 쓰고 로브를 입은 성 요하킴Saint Joachim이 그려져 있다.
(출처: 위키피디아)

대리화폐의 등장은 경화hard money의 몰락을 예고했다. 금 증서certificate는 1863년에 도입되었고 약 15년 후, 은 달러도 느리지만 확실하게 종이 위임장 형태인 은 증서로 대체되었다.[96]

그림 12.5 1928년의 미국 은 1 달러화
'PAYABLE TO THE BEARER ON DEMAND요청 시 소지인에게 지급됨'라고 적혀있다.
(출처: 스미스소니언 재단 국립 화폐 컬렉션)

최초의 은 증서가 도입된 후 이 종이 조각이 오늘날 우리가 미국 달러 1달러로 인식할 수 있는 형태로 변하기까지 약 50년이 걸렸다.

그림 12.5의 1928년 미국 은화는 은 증서라는 이름으로 사용되었으며 실제로 이 종이를 소지한 사람이 은의 소지자라는 것을 나타내었다. 시간이 지남에 따라 이 문구가 점점 작아지는 것이 매우 흥미롭다. 이 증서 안 문구는 오래지 않아 연방준비금이라는 문구로 대체되며 완전히 사라졌다.

금에도 같은 일이 일어났다. 세계 대부분의 나라들은 주로 바이메탈 표준a bimetallic standard[75]에 따라 금화와 은화를 만들었다. 금으로 교환할 수 있는 금 교환증이 있다는 것은 틀림없이 기술적 진보이긴 하다. 종이는 가볍고 더 편하다. 더 작은 숫자를 인쇄하면 가치를 임의로 나눌 수 있기 때문에 더 작은 단위 결제도 가능해진다.

이 증서로 소지자에게 실제 금과 은을 보유하고 있다는 것을 상기시키기 위해 지폐에는 이를 나타내는 색깔이 칠해졌고, 다음 내용이 명기되었다.

"이 증서는 소지인이 요구할 때 지급해야 할
금화 100달러가 미국 재무부에 예치되어 있음을 증명한다."

그림 12.6 1928년 미국 금 100 달러화
(출처: 미국 국립 박물관 국립 화폐 컬렉션)

1963년, 새로 발행된 모든 지폐에서 PAYABLE TO THE BEARER ON DEMAND요청 시 소지인에게 지급됨라는 문구가 제거되었다. 그로부터 5년 후, 금과 은으로 교환되는 종이 지폐 시대는 막을 내렸다.

지폐의 기원과 개념을 나타내는 문구는 삭제되었다. 황금색이 사라졌다. 남은 것은 종이와 정부가 원하는 만큼 인쇄할 수 있는 능력뿐이었다.

1971년 금본위제가 폐지되면서 한 세기에 걸친 속임수가 완성되었다. 돈은 오늘날 우리 모두가 착각하는 환상, 즉 명목 화폐가 되었다. 군대를 지휘하고 감옥을 운영하는 자가 그것이 가치있다고 말함으로 인해 가치를 갖게 되었다. 오늘날 유통되는 달러 지폐에 명확하게 적혀 있듯이 이 지폐는 법정 화폐이다. THIS NOTE IS LEGAL TENDER^{이 지폐는 법적인 화폐이다.} 즉, 이 한 줄이 달러에 가치를 부여한다.

그림 12.7 2004년 미국 20 달러화
'THIS NOTE IS LEGAL TENDER'라고 적혀있다.

그건 그렇고, 눈에 잘 띄진 않지만, 오늘날의 지폐에는 흥미로운 교훈이 하나 더 있다. 두 번째 줄에 적힌 FOR ALL DEBTS, PUBLIC AND PRIVATE^{공적 및 사적인 모든 부채를 위한}이라는 문구를 보자. 이 말인즉 모든 돈은 빚이라는 의미이다. 경제학자들은 이미 알고 있었을지 모르겠지만 나에게는 새로운 사실이었다. 이것 때문에 아직도 머리가 아프다. 돈과 빚의 관계는 여러분에게 숙제로 남겨두겠다.

앞서 살펴본 것처럼 금과 은은 수천 년 동안 돈으로 사용되었다. 시간이 지나면서 금과 은으로 만든 동전은 종이로 대체되었다. 종이는 서서히 지불 수단으로 받아들여졌다. 이러한 수용은 종이 자체에 가치가 있다는 환상을 만들어냈다. 최종적으로 대리와 실체를 연결하는 고리는 완전히 끊어졌다. 즉 금본위제는 폐지되었고 종이 자체에 가치가 있다는 것을 모두가 믿게 되었다.

비트코인은 나에게 돈의 역사와 경제 역사상 가장 큰 속임수인 명목 화폐에 대해 가르쳐 주었다.

13

부분 지급준비금의 광기

> "
> 아아! 너무 늦었어. 그녀는 계속 커지고 커져서 곧 바닥에 무릎을 꿇어야 했다. 잠시 후에는 이마저도 비좁아졌고, 한쪽 팔꿈치를 문에 대고 누워서 다른 팔로 머리를 감쌌다. 그러고도 계속 커져서 최후의 방법으로 한 팔은 창 밖으로, 한 발은 굴뚝 위로 내밀면서 혼잣말을 했다.
> "이제 더 이상 할 수 있는게 없어. 난 어떻게 되는 거지?"
>
> - 루이스 캐롤, 이상한 나라의 앨리스 -

　가치와 돈은 특히 오늘날과 같은 시대에 사소한 주제가 아니다. 은행 시스템에서 돈을 창출하는 과정 또한 사소하지 않은데 나는 이것이 지극히 의도적이었다는 의심을 지울 수 없다. 학계와 법조문에서만 접했던 것이 금융계에서도 관행으로 쓰이는 것 같다. 진짜로 복잡해서가 아니라, 여러 겹의 전문 용어와 겉으로 보이는 복잡성 뒤에 드러내고 싶지 않은 진실을 숨기고 있으므로 그 어떤 것도 쉽게 설명하지 않는다는 것이다. "통화 확장 정책, 양적 완화, 재정 부양책" 청중은 화려한 단어의 최면에 걸린 듯 고개를 끄덕이며 동의할 뿐이다.

부분 지급준비 은행과 양적 완화라는 이 두 멋진 용어는 복잡하고 이해하기 어려운 단어로 위장하여 실제 상황을 흐리게 만든다. 다섯 살짜리 아이에게 설명한다면 두 가지 모두 미친 짓이라는 것이 금세 드러날 것이다.

고드프레이 블룸Godfrey Bloom은 유럽 의회the European Parliament 토론에서 이에 대해 훨씬 잘 설명했다.

> "[...] 당신은 은행의 개념을 이해하지 못하고 있습니다. 모든 은행이 파산했습니다. 산탄데르 은행, 도이치 은행, 스코틀랜드 왕립 은행 등 모두 파산했어요! 왜 파산했을까요? 쓰나미 같은 천자지변이 아닙니다. 실제로 가지고 있지도 않은 돈을 빌려줄 수 있는 '부분 지급준비금 은행'이라는 시스템 때문에 파산한 것입니다! 이것은 범죄이고 너무 오랫동안 계속되어 왔습니다. [...] 우리는 양적 완화라 불리는 위조를 하고 있지만 다른 이름으로도 위조를 하고 있습니다. 인위적으로 돈을 찍어내는 행위를 일반인이 저질렀다면 아주 오랫동안 감옥에 갇히게 될테죠. [...] 그리고 우리가 은행가들중앙은행가와 정치인들을 포함한 모두을 감옥에 보내기 전까지 이 분노는 계속될 것입니다."
>
> - 고드프레이 블룸[52]

가장 중요한 부분이니 다시 한번 강조한다. 은행은 실제로 가지고 있지 않은 돈을 빌려줄 수 있다.

은행은 부분 준비금 제도 덕분에 극히 일부의 달러만 보유하면 된다. 보통 0%에서 10% 사이로, 낮은 편에 속하기 때문에 상황은 더욱 악화된다.

---

52 Joint debate on the banking union [17]

이 정신 나간 아이디어를 좀 더 잘 이해하기 위해 구체적인 예를 들어 보겠다. 간단한 암산만 할 줄 알면 이해할 수 있다. 지급준비율이 10%라고 가정해 보자. 당신에게 $100가 있고, 이를 침대 밑에 보관하고 싶진 않다. 그래서 은행에 $100를 맡긴다. 은행은 당신의 돈을 일부만 금고에 보관한다. 지급준비율 10%를 적용해 $10만 금고에 보관하면 되는 것이다. 간단하다.

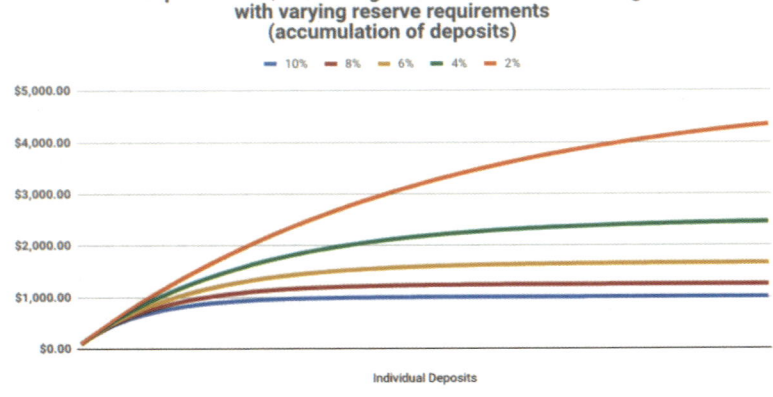

그림 13.1 통화 승수 효과

그렇다면 은행은 나머지 돈으로 무엇을 할까? 당신의 $90는 어떻게 되는 것인가? 은행은 그 돈을 다른 사람에게 빌려준다. 그 결과 통화 승수 효과ₐ money multiplier effect가 발생하여 통화 공급이 엄청나게 늘어난다. 당신이 저축한 예금 $100은 곧 $190로 늘어난다. 새롭게 탄생한 $90의 90%를 다시 대출함으로써 시장에는 곧 $291가 존재하게 된다. 그리고 이것은 다시 $343.90이 된다. 은행이 말 그대로 가지고 있지도 않은 돈을 빌려주기 때문에 통화 공급이 반복적으로 증가한다.[90] 아브라카다브라 마법 없이도, 은행은 $100를 $1,000로 부풀릴 수 있다. 몇 번의 대출만 해준다면, 10배로 뻥튀기 하는 것 쯤은 식은 죽 먹기다.

그림 13.2 옐런이 연준 감사를 강력히 반대한다는 발언을 하는 도중 한 남자가 비트코인 사세요 Buy Bitcoin 팻말을 들고 있다.

오해말자. 대출은 잘못이 없다. 이자가 나쁜 것이 아니다. 양말 서랍장보다 안전한 곳에 재산을 보관해주는 역사 깊은 시중 은행에는 아무런 문제가 없다.

중앙은행이 문제다. 가증스러운 금융 규제, 공적도 사적도 아닌 애매한 입장, 전 세계 사람을 상대로 절대자 행세를 하는, 양심은 저버린 채 근시안적 이익에만 관심 있을 뿐인, 어떠한 책임을 지지도 견제를 받지도 않는 조직이다.

비트코인은 여전히 활행되고 있지만 머지않다 멈추게 될 것이다. 비

Part II. 경제학   75

트코인 발행 총량은 2,100만 개로 엄격하게 제한되어 있기 때문에 결국 인플레이션은 완전히 없어질 것이다. 이제 우리에게 두 가지 화폐 세계가 있다. 하나는 돈이 임의로 인쇄되는 인플레이션 세계이고, 다른 하나는 최종 공급량이 고정되어 모든 사람이 쉽게 감사할 수 있는 auditable 비트코인 세계이다. 하나는 폭력으로 우리를 강요하고, 다른 하나는 원하면 누구든 참여할 수 있다. 진입 장벽도 없고 누군가에게 허가받을 필요도 없다. 자발적인 참여. 그것이 비트코인의 아름다움이다.

나는 케인즈주의[53]와 오스트리아 학파[54] 사이의 논쟁이 학문적 논쟁이라 생각지 않는다. 사토시 나카모토는 강력한 가치 전송 시스템을 구축하여 세상에서 가장 건전한 화폐를 만들었다. 어떤 식으로든 점점 더 많은 사람이 지급준비금 은행이라는 사기에 대해 알게 될 것이다. 이를 깨달은 사람들이 오스트리아 학파나 비트코이너와 유사한 결론에 도달한다면 그들은 아마 지속적으로 성장하는 돈의 인터넷 the internet of money 에 참여하게 될 것이다. 그 선택을 아무도 막을 수 없다.

비트코인은 부분 지급준비금 시스템이 진짜 광기임을 가르쳐 주었다.

---

53 존 메이너드 케인즈와 제자들의 이론 [84]
54 방법론적 개인주의에 입각한 경제학파 [74]

14
건전 화폐

> "내가 첫 번째로 해야 할 일은…"
> 앨리스가 숲 속을 배회하며 혼잣말을 했다.
> "원래 크기로 돌아가는 것이고, 두 번째 할 일은
> 아름다운 정원으로 가는 방법을 찾는거야. 이게 최선이야."
>
> - 루이스 캐롤, 이상한 나라의 앨리스 -

내가 비트코인으로부터 배운 가장 중요한 교훈은 장기적으로 경화hard money가 연화soft money보다 우월하다는 것이다. 건전 화폐sound money라고도 불리는 경화는 전 세계적으로 거래되는 화폐로 신뢰할 수 있는 가치 저장소 역할을 한다.

물론, 비트코인은 아직 초기 단계에 있고 변동성이 크다. 이를 두고 비평가들은 가치를 안정적으로 저장하지 못한다고 주장할 것이다. 하지만, 변동성 논쟁은 요점이 아니다. 변동성은 얼마든지 나타날 수 있다. 시장은 이 새로운 돈의 정당한 가격을 결정하는 데 시간이 걸릴 것이다. 또한 흔히 농담조로 지적하듯이 이러한 가치 측정 방법에는 오류가 있다. 비트코인의 가치를 달러로 측정하면 1BTC이 항상 1BTC의 가치를 갖는다는 사실을 놓치게 된다는 점을 알아야 한다.

> "고정된 공급, 즉 객관적이고 계산 가능한 기준대로 변경되는 공급이 정당한 화폐 가격을 위한 필수 조건이다."
>
> - 버나드 뎀프시[55]

역사적으로 잊혀진 많은 화폐를 훑어보면 알 수 있듯이 돈은 계속 인쇄될 것이다. 지금까지 역사상 그 누구도 이 유혹을 뿌리치지 못했다.

비트코인은 기발한 방법으로 돈을 인쇄하고자 하는 유혹을 물리친다. 사토시는 우리의 탐욕 때문에 우를 범할 것이라 예상했다. 이것이 그가 인간의 통제보다 신뢰할 수 있는 것, 즉 수학을 선택한 이유이다.

$$\sum_{i=0}^{32} \frac{210000 \left\lfloor \frac{50 * 10^8}{2^i} \right\rfloor}{10^8}$$

그림 14.1 비트코인 공급량 공식

이 공식은 비트코인의 공급을 설명하는 데 유용하지만 실제 코드에서는 찾아볼 수 없다. 실제로는 4년마다 채굴자에게 지급되는 보상을 줄이는 알고리즘을 통해 신규 비트코인 발행이 제어된다.[13] 위 공식은 단지 비트코인 내부의 작동 방식을 빠르게 이해하고 요약하는 데 사용된다. 실제로는 대략 10분마다 발생하는 유효한 블록을 찾는 채굴자에게 지급되는 보상의 변화를 보면 잘 알 수 있다.

---

55 Fr. Bernard W. Dempsey, S.J., Interest and Usury [21, p. 210]

공식, 대수 함수, 지수는 이해하기 직관적이지 않다. 건전성soundness이라는 개념은 다른 방식으로 살펴보면 더 쉽게 이해할 수 있다. 무언가가 얼마나 많은지 알게 되면, 그리고 그것을 생산하거나 획득하는 것이 얼마나 어려운지 알게 되면 우리는 즉시 그 가치를 이해하게 된다. 피카소의 그림, 엘비스 프레슬리의 기타, 스트라디바리우스의 바이올린이 왜 가치있는지 안다면, 법정화폐, 금, 비트코인이 얼마나 가치 있는지도 알 수 있을 것이다.

법정화폐의 건전성은 인쇄기를 담당하는 사람에게 달려있다. 어떤 정부는 다른 정부보다 더 많은 양의 돈을 인쇄하여 통화 가치를 떨어뜨릴 수 있다. 반대로 어떤 정부는 화폐 발행을 제한하여 통화 강세를 이끌 수 있다.

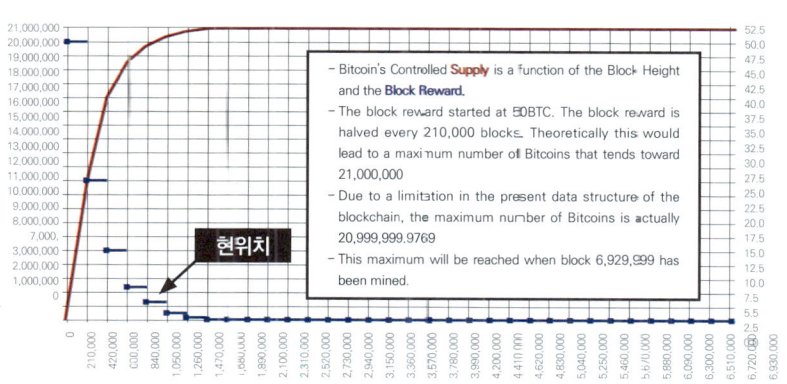

그림 14.2 비트코인의 공급량 제한

"이 새로운 현실의 한 가지 중요한 측면은 연준과 같은 기관이 파산할 수 없다는 것이다. 그들은 사실상 비용을 전혀 들이지 않고 자신이 필요한 만큼 돈을 인쇄할 수 있다."

- 요르그 귀도 훌스만[56]

법정화폐 이전 시대에는 화폐로 사용되는 물질의 자연적 속성이 화폐 건전성을 결정했다. 물리 법칙에 의해 지구에 매장된 금은 한정되어 있다. 금이 새로 생기려면 초신성과 중성자성이 충돌해야 하는데, 이러한 일은 거의 발생하지 않는다. 또, 금을 추출하는 것은 상당히 어렵기 때문에 공급이 제한적이다. 금처럼 무거운 원소들은 대체로 지하 깊은 곳에 묻혀 있기 때문이다.

금본위제 폐지는 우리를 새로운 국면으로 이끌었다. 이제 화폐 발행을 위해 잉크 한 방울만 있으면 된다. 현대 사회에서는 훨씬 쉽다. 은행 계좌 잔액에 0 몇 개만 더 추가하면 된다. 은행 컴퓨터에서 몇 개의 비트만 뒤집으면 되는 것이다.

위에 설명한 원리는 저량stock 대 유량flow을 사용하여 좀 더 일반적으로 표현할 수 있다. 간단히 말해 저량은 현재 존재하는 양을 말한다. 여기에서는 현재 통화 공급량을 의미한다. 유량은 일정 기간 동안의 생산량을 나타낸다. 건전 화폐 이해의 핵심은 이 저량 대 유량 비율stock-to-flow ratio을 이해하는 것이다.

정부화폐의 저량 대 유량 비율을 계산하는 것은 어렵다. 어떤 돈을 기준으로 하느냐에 따라 달라질 수 있기 때문이다.[91] 지폐와 동전만M0

---

[56] Jörg Guido Hülsmann, The Ethics of Money Production [38]

계산할 수도, 여행자 수표와 예금M1을 추가할 수도, 저축 계좌와 뮤추얼 펀드 등M2을 추가할 수도, 심지어 예금 증서M3를 추가할 수도 있다. 게다가 이것들의 정의와 측정하는 방법이 국가마다 다르다. 미국 연방 준비 은행이 M3 수치 공개를 중단했기 때문에 우리는 M2로 확인하는 수 밖에 없다.[61] 이 수치를 직접 검증하고 싶지만 지금은 연준을 믿을 수 밖에 없다.

지구상에서 가장 흔귀한 금속인 금은 저량 대 유량의 비율이 가장 높다. 미국 지질조사국에 따르면 금은 현재까지 약 19만 톤 조금 넘게 채굴되었다. 그 중 지난 몇 년 동안 매년 약 3,100톤이 채굴되었다.[67]

이 숫자를 사용하여 우리는 금의 저량 대 유량 비율을 쉽게 계산할 수 있다. **(그림 14.3)**

$$\frac{190,000t}{3,100t} = x61$$

그림 14.3 금의 저량 대 유량 비율

금보다 저량 대 유량 비율이 더 높은 것은 없다. 이것이 금이 지금까지, 그리고 현존하는 가장 견고하고 건전한 화폐인 이유이다. 지금까지 채굴된 금의 양이 올림픽 규격 수영장 두 개 정도 될 것이라고들 말한다. 하지만 내 계산에 다르면 수영장 네 개가 필요하다.[57] 수치가 잘못되었거나 올림픽 규모의 수영장 크기가 작아지지 않았다면 말이다.

---

57 https://bt.ly/gold-pcols

이제 비트코인의 저량 대 유량 비율을 보자. 잘 알겠지만, 비트코인 채굴은 지난 몇 년간 대유행이었다. 아직 채굴 노드가 계산 노력에 비해 많은 보상을 받는 초기 보상 단계에 있기 때문이다. 우리는 현재 2016년에 시작되어 2020년 5월에 끝나는 세 번째 반감기를 지나고 있다.이제 우리는 2020년 5월 4일에 일어난 세 번째 반감기를 지나, 2024년 5월로 예상되는 네 번째 반감기를 앞두고 있다. **반감기**에 따른 비트코인의 공급량은 미리 정해져 있지만 날짜는 정확하지 않을 수 있다. 그럼에도 불구하고 비트코인의 저량 대 유량의 비율을 계산할 수 있다. 미리 스포하자면 매우 높다.

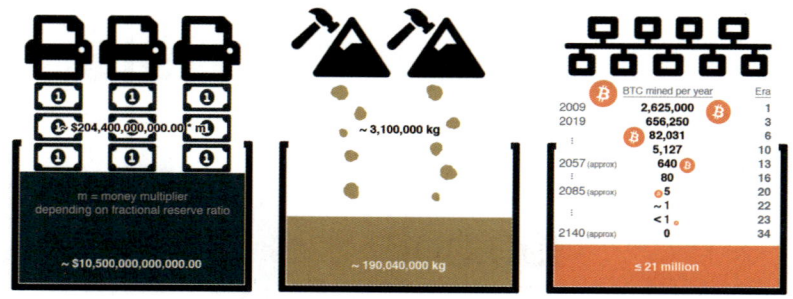

그림 14.4 달러, 금, 비트코인의 저량과 유량

매우 높지 않은가? 비트코인의 저량 대 유량 비율은 무한대가 될 때까지 높아질 것이다. **(그림 14.4)**

채굴 보상이 기하급수적으로 줄어들기 때문에 비트코인의 저량 대 유량 비율은 치솟는다. 2020년에는 금을 따라잡고, 그 4년 후인 2024년에는 금을 두 배 능가하게 된다. 이러한 반감기는 총 32번 발생한다. 지수의 힘 덕분에 연간 비트코인 채굴량은 50년 후에는 100BTC 미만으로, 75년 후에는 1BTC 미만으로 떨어지게 된다. 블록 보상은 2140

년 쯤 고갈되어 비트코인 생산은 사실상 중단될 것이다. 이것은 매우 긴 게임이며, 당신이 이 글을 읽고 있는 현재는 아직 초기 단계에 해당한다.

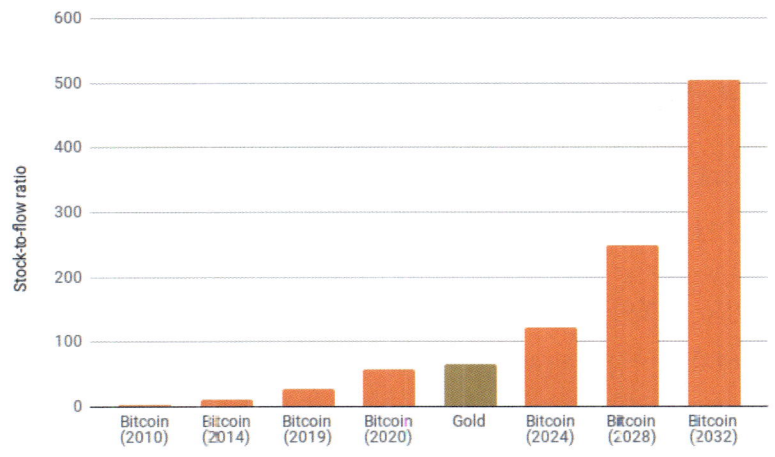

그림 14.5 금과 비교한 비트코인의 저량 대 유량 비율

비트코인의 건전성, 즉 저량 대 유량 비율은 무한대에 수렴하기 때문에 현존하는 가장 건전한 화폐가 될 것이다. 그 무엇도 비트코인의 무한한 건전성을 능가할 수 없다.

경제학 관점에서 볼 때, 아마 비트코인의 난이도 조정이 가장 중요한 요소일 것이다. 비트코인 채굴이 얼마나 어려운지는 신규 비트코인을 얼마나 빨리 채굴하느냐에 달려있다.[58] 네트워크의 채굴 난이도는 동적으로 결정되기 때문에 이를 통해 미래의 공급량을 예측할 수 있다.

---

58 실제로는 얼마나 유효한 블록을 빨리 찾느냐에 달려있다. 하지만 행위의 목적을 표현하기 위해 "비트코인을 채굴한다"로 표현한다. 이 채굴은 향후 120년 동안 계속된다.

난이도 조정 알고리즘의 단순함이 비트코인의 심오함을 흐트러뜨릴 수 있다. 하지만, 비트코인 난이도 조정은 아인슈타인에 버금가는 혁명과 유사하다. 이 방법은 채굴에 아무리 많은 노력을 들이더라도 비트코인의 통제된 공급이 중단되지 않도록 보장한다. 다른 모든 자원과는 달리 누군가 비트코인 채굴에 아무리 많은 에너지를 투입하여도 총 보상은 증가하지 않는다.

$E = mc^2$로 우주의 보편적 속도의 한도가 결정되듯, 비트코인의 난이도 조정으로 비트코인 전체 수량의 보편적 한도가 결정된다.

난이도 조정이 없었다면 비트코인은 이미 고갈되었을 것이고, 초기 단계에서 살아남기 어려웠을 것이다. 난이도 조정 덕에 채굴 보상이 존재하는 동안 네트워크가 안전하게 보호되며, 신규 발행된 비트코인이 안정적이고 공정하게 분배된다.[59] 난이도 조정이 비트코인 통화 정책의 규제 장치이다.

아인슈타인은 물체를 아무리 세게 밀어도 특정 지점에 이르면 더 빠른 속도를 낼 수 없다는 새로운 사실을 보여주었다. 사토시 또한 우리에게 새로운 것을 보여주었다. 이 디지털 금을 아무리 열심히 채굴하여도 특정 시점이 되면 더는 새로운 비트코인을 얻을 수 없는 것이다. 인류 역사상 처음으로 우리는 아무리 노력해도 더는 생산할 수 없는 금전적 재화를 갖게 되었다.

비트코인은 나에게 건전 화폐가 꼭 필요하다는 것을 가르쳐 주었다.

---

59 Dan Held, Bitcoin's Distribution was Fair [36]

Part III

기 술

> "이번에는 더 잘할 수 있어." 앨리스는 혼자 중얼거리며 작은 황금 열쇠를 꺼내 정원으로 이어지는 문을 열었다.
>
> - 루이스 캐롤, 이상한 나라의 앨리스 -

황금 열쇠, 어쩌다 우연히 작동되는 시계, 이상한 수수께끼를 풀기 위한 경쟁, 얼굴도 이름도 없는 건축가. 이상한 나라의 동화처럼 들리는 이것들은 비트코인 세계에서 일상적인 것들이다.

경제학에서 살펴보았듯, 우리는 지금의 금융 시스템이 상당히 손상되었다는 것을 안다. 앨리스처럼 우리도 이번에는 좀 더 잘 헤쳐 나갈 수 있길 바랄 뿐이다. 그러나 이번에 다른 점은 익명의 발명가 덕분에 우리는 우리를 도와줄 놀랍도록 정교한 기술인 비트코인을 갖게 되었다는 것이다.

철저히 탈중앙화되고 적대적인 환경에서 발생하는 문제를 해결하려면 묘수가 필요하다. 노드들로 이루어진 이상한 나라에서 사소한 문제들을 해결하지 못한다면 결국 모든 것이 문제가 되고 만다. 기술적 관점에서 비트코인을 보자면 대부분의 해결책은 강력한 암호학에 의존하고 있다. 암호학이 얼마나 강력한지 차차 살펴볼 예정이다.

비트코인은 기관에 대한 신뢰를 제거하기 위해 암호학 기술을 사용한다. 비트코인은 중앙 기관 대신 만물의 법칙인 물리학에 의존한다. 그럼에도 여전히 일부 신뢰의 문제가 남아있다. 이에 대해서는 이 장의 두 번째 교훈에서 살펴볼 것이다.

Part III - 기술
- 숫자의 강력함
- "신뢰하지 말고 검증하라"에 대한 고찰
- 시간을 알려주는 데는 노력이 필요하다.
- 천천히 움직여라, 아무것도 깨뜨리지 않도록.
- 프라이버시는 죽지 않았다.
- 사이퍼펑크는 코드를 작성한다.
- 비트코인의 미래에 대한 비유

마지막 두 가지 교훈에서는 기술 자체만큼이나 중요한 비트코인의 개발 정신을 살펴본다. 비트코인은 당신의 휴대전화에서 구동될 화려한 차세대 앱이 아니다. 비트코인은 새로운 경제 현상의 토대이다. 그렇기 때문에, 비트코인을 핵폭탄급 금융 소프트웨어로 취급해야 한다.

우리는 이 금융 혁명 혹은 사회 혁명이자 기술 혁명 어디쯤에 와 있을까? 과거의 네트워크와 기술들은 비트코인의 미래를 예측할 수 있는 실마리가 될 수 있다. 이에 대해서는 마지막 교훈에서 살펴본다.

다시 한번 안전띠를 매고 즐겨보자. 다른 모든 기하급수적으로 성장하는 기술들처럼, 우리도 곧 포물선을 그리게 될 것이다.

15
숫자의 강력함

> "어디 보자. 4 곱하기 5는 20, 4 곱하기 6은 13, 4 곱하기 7은 14, 어쩌지! 이런 속도로는 20까지 가지도 못하겠어!"
>
> - 루이스 캐롤, 이상한 나라의 앨리스 -

숫자는 일상생활에서 꼭 필요하다. 그러나 우리 대다수는 큰 숫자에 익숙하지 않다. 우리가 일상생활에서 접하는 큰 숫자는 수백만millions, 수십억billions 또는 수조trillions 정도이다. 수백만 명의 빈곤층, 구제 금융을 위해 지출된 수십억 달러, 수조 달러에 달하는 국가 부채 정도가 우리가 접할 수 있는 큰 수이다. 이런 헤드라인을 아주 정확하게 이해하기는 어렵지만, 그래도 어느 정도 편안하게 받아들일 수 있다.

수십억, 수조에 달하는 수를 익숙하게 읽을 수 있다 하더라도, 이 수가 어느 정도의 규모인지 직관적으로 이해가 안되기 시작한다. 백만, 십억, 조 초가 지날 때까지 얼마나 기다려야 하는지 파악이 되는가? 일일이 계산해 보지 않고는 감조차 안 올 것이다.

좀 더 자세히 살펴보자. 10^6, 10^9, 10^{12} 이 세 숫자는 세 자릿수 씩 증가한다. 초 단위로 생각하는 것은 그닥 익숙하지 않으니, 머리를 싸매고도 이해할 수 있는 수준으로 바꿔보겠다.

- 10^6: 100만 초 전은 1½ 주 전에 해당한다.
- 10^9: 10억 초 전은 32년 전에 해당한다.
- 10^{12}: 1조 초 전에는 맨하탄이 빙하 속에 묻혀있었다.[60]

그림 15.1 약 1조 초 전 각 도시의 빙하 두께 (출처: xkcd 1225)

현대 암호학에서 사용하는 천문학적 수에 도달하면 수를 파악하는 우리의 직관은 거의 불능 상태가 된다. 비트코인은 천문학적으로 거대한 숫자와 이를 추측하는 것이 불가능하다는 점을 활용한다. 비트코인이 사용하는 숫자는 우리가 일상생활에서 접할 수 있는 그 어떤 숫자보다 훨씬 더 크다. 자릿수가 훨씬 크단 뜻이다. 비트코인을 전체적으로 이

---

60 1조(=10^{12})초는 31,710년이다. 마지막 최대 빙하기 Last Glacial Maximum 는 33,000년 전이다. [85]

해하기 위해서 이 숫자가 실제로 얼마나 큰지 이해하는 것이 중요하다.

비트코인에서 사용하는 해시 함수인 SHA-256[61]을 예로 들어보자.[62] 여기서 사용되는 숫자 256비트를 단순히 숫자 256이라고 생각한다면, 이는 결코 큰 수가 아니다. 하지만, SHA-256에서 256은 자릿수를 의미한다. 이 숫자는 두뇌에서 처리할 수 없는 규모이다.

비트bit 길이는 편리한 측정 기준이지만, 숫자를 자릿수로 변환하는 과정에서 256비트 보안성의 진정한 의미가 훼손된다. 수백만(10^6) 및 수십억(10^9) 이상으로 SHA-256에서 사용하는 숫자의 자릿수(2^{256})는 엄청나게 크다. 그렇다면, SHA-256은 정확히 얼마나 강력할까?

> "SHA-256은 매우 강력합니다. MD5에서 SHA1로의 점진적 증가와는 차원이 다릅니다. 대규모의 획기적인 해킹 공격이 발생하지 않는 한 수십 년 동안 끄떡없을 것입니다."
>
> - 사토시 나카모토[63]

2^{256}이 얼마나 큰 수인지 적어보자.[64]

115,792,089,237,316,195,423,570,985,008,687,907,853,269,984,665,640,564,039,457,584,007,913,129,639,936

---

61 SHA-256은 NSA에서 개발한 SHA-2 계열의 암호학 해시함수이다. [94]
62 SHA-256은 비트코인에서 블록 해시 알고리즘에 사용된다. [12]
63 Satoshi Nakamoto, in a reply to questions about SHA-256 collisions. [54]
64 역주. 원문에는 다음과 같이 표현되어 있다. 115 quattuorvigintillion 792 trevigintillion 89 duovigintillion 237 unvig-intillion 316 vigintillion 195 novemdecillion 423 octodecillion 570 sep-tendecillion 985 sexdecillion 8 quindecillion 687 quattuordecillion 907 tredecillion 853 duodecillion 269 undecillion 984 decillion 665 nonillion 640 octillion 564 septillion 39 sextillion 457 quintillion 584 quadrillion 7 trillion 913 billion 129 million 639 thousand 936.

엄청나게 큰 숫자이다. 이 숫자를 직관적으로 이해하는 것은 불가능하다. 우리가 사는 우주에 존재하는 어떤 숫자와도 비교할 수 없다. 관측할 수 있는 우주의 원자 수보다도 훨씬 크다. 인간의 두뇌로 인지하는 것이 불가능하다.

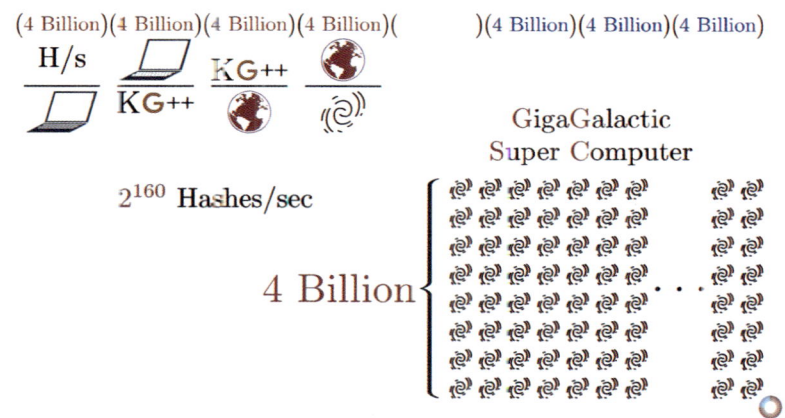

그림 15.2 그랜트 샌더슨 영상의 SHA-256을 설명하기 위한 일러스트

그랜트 샌더슨의 영상은 SHA-256의 진정한 강력함을 훌륭히 시각화한다. 영상 "256비트 보안은 얼마나 안전한가?How secure is 256bit security?"[65]는 256비트 공간이 얼마나 방대한지 심미적으로 보여준다. 잠시 5분간 감상해보자. 3Blue1Brown에서 만든 다른 영상도 그렇지만 이 영상은 매우 흥미롭고 잘 만들어진 영상이다. 단, 수학 토끼굴에 빠질 수 있으니 주의하자.

브루스 슈나이어Bruce Schneier는 계산의 물리적 한계를 이용해 이 숫자

---

65   https://youtu.be/S9JGmA5_unY

를 설명했다.[64] 태양 주위에 다이슨 구체[66]를 구축한 에너지원을 사용해 1,000억 년 동안 작동시킬 수 있는 '비트를 완벽하게 뒤집는 최적의 컴퓨터'를 만들었다 해도 이 컴퓨터를 이용해 256비트 건초 더미에서 바늘을 찾을 확률은 25%에 불과하다.

> "이 숫자는 장치들의 기술과는 아무런 관련이 없다. 이는 열역학이 허용하는 최댓값이다. 그리고 컴퓨터가 완전히 다른 물질로 만들어지고, 완전히 다른 차원의 공간을 차지하지 않는 한 256비트 키에 대한 무차별 대입 공격은 불가능할 것임을 강력하게 암시하는 것이다."
>
> - 브루스 슈나이어[67]

이 심오함은 아무리 강조해도 지나치지 않다. 강력한 암호학은 우리가 상상할 수 있는 물리 세계의 힘의 균형을 뒤집는다. 물리 세계에서 깨지지 않는 것은 없다. 충분한 힘만 가하면, 문, 박스, 보물 상자 어떤 것이든 열 수 있다.

하지만 비트코인 보물 상자는 사뭇 다르다. 이 상자는 어떠한 무차별 대입 공격brute force attacks에도 굴복하지 않는 강력한 암호학으로 보호된다. 우리의 수학적 상식 안에서는 무차별 대입 공격 외엔 딱히 다른 공격 방법도 존재하지 않는다. 물론 $5 렌치 공격도 가능하다. **(그림 15.3)** 그러나 이러한 사람을 고문하는 공격은 다른 종류의 것이다. 비트코인 암호의 벽은 무차별 공격을 물리칠 것이다. 천 개의 태양의 힘으로 공격하더라도 말이다.

---

66 다이슨 구체는 행성을 완전히 덮어서 엄청난 전력을 생산하는 가상의 거대 구조물이다. [79]
67 Bruce Schneier, 응용 암호학Applied Cryptography [63]

그림 15.3 $5 렌치 공격 (출처: xkcd 538)

이러한 사실과 그 의미는 암호화 무기의 소명A Call to Cryptographic Arms에 통렬하게 요약되어 있다. "어떠한 물리력으로도 수학 문제를 풀 수 없다."

> "세상이 이런 식으로 돌아가야 했는지는 잘 모르겠다. 하지만 어쨌든 우주는 암호화encryption를 향해 미소짓는다."
>
> - 즐리안 어산지[68]

우주의 미소가 진짜인지 아닌지 아직 누구도 확신할 수 없다. 수학적 비대칭성에 대한 우리의 가정이 잘못되어 P가 실제로 NP[92]라는 것을 발견하거나, 이산 로그 문제[77]를 놀라울 정도로 빠르게 계산할 수 있는 방법을 찾아낼 수도 있다. 만약 그런 일이 발생한다면 우리가 알고 있는 암호학은 더 이상 사용할 수 없게 될 것이며, 우리가 상상할 수 없을 정도로 세상이 변화될 가능성이 크다.

---

68 줄리안 어산지, 암호학 무기의 소명Julian Assange A Call to Cryptographic Arms [5]

Vires in Numeris = Strength in Numbers[69]

숫자의 힘Vires in numeris은 비단 비트코이너만을 위한 모토가 아니다. 숫자에 헤아릴 수 없는 강력한 힘이 있음을 깨닫는 것은 심오한 것이다. 이것을 이해하고 나서, 기득권의 균형을 뒤집을 수 있음이 우리 앞에 놓여있다는 사실은 이 세계와 우리 앞에 놓인 미래에 대한 나의 시각을 바꾸어 놓았다.

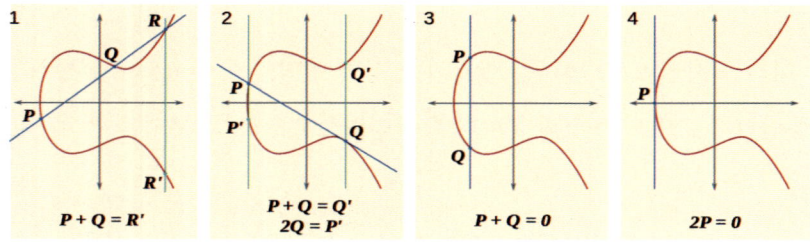

그림 15.4 타원곡선의 예시 (출처: Emmanuel Boutet)

이러한 숫자의 힘으로 비트코인에 참여하기 위해 누구의 허가도 필요 없다. 가입 페이지도, 담당 회사도, 신청서를 보낼 정부 기관도 없다. 간단히 큰 숫자를 하나 생성하는 것으로 거의 모든 작업이 완료된다. 수학이 비트코인 계정 생성 권한을 가진다. 그 책임자가 누구인지는 신만이 알고 있다.

비트코인은 현실에 대한 최선의 이해를 토대로 구축되었다. 물리학, 컴퓨터 과학, 수학에는 아직 풀리지 않은 문제도 많지만, 그럼에도 몇 가지 확실한 것이 있다. 그 중 하나는 어떤 문제의 해결책을 찾는 것과

---

[69] Vires in Numeris는 bitcointalk 사용자인 epii에 의해 비트코인 모토로 처음 제안되었다. [26]

그 해결책의 정확성을 검증하는 것이 비대칭적이라는 것이다. 계산에 에너지가 소요된다는 것도 확실하다. 즉, 건초 더미에서 바늘을 찾는 것은 내가 찾은 뾰족한 것이 실제 바늘인지 아닌지 확인하는 것보다 더 어려운 문제라는 것이다. 그리고 바늘을 찾는 노력이 필요하다는 것도 말이다.

비트코인 주소 공간은 정말 놀라울 정도로 방대하다. 개인 키의 수는 훨씬 더 크다. 헤아릴 수 없을 만큼 큰 건초 더미에서 바늘을 찾는 것이 불가능하다라는 사실에 많은 이들이 매료되고 있다. 나는 이제 그 어느 때보다 이 사실을 명확하게 알고 있다.

비트코인은 나에게 숫자는 강력하다는 것을 가르쳐 주었다.

16

"신뢰하지 말고 검증하라"에
대한 고찰

> "이제 입증되었으니..." 왕이 말했다. "선고를 내리겠다."
>
> - 루이스 캐롤, 이상한 나라의 앨리스 -

비트코인은 기존 통화를 대체하거나 최소한 대안을 제공하는 것을 목표로 한다. 미국 달러와 같은 법정 화폐나 포트나이트의 브이벅스V-Bucks와 같은 현대 독점 화폐는 중앙 집중형 권한에 매여있다. 우리가 이런 화폐를 쓰려면 발행, 관리, 유통을 하는 중앙 기관을 신뢰해야 한다. 비트코인은 이러한 한계를 해결해주며, 비트코인이 해결하려는 주요 문제는 신뢰의 문제이다.

> "기존 화폐의 문제는 화폐가 동작하는 데 필요한 모든 종류의 신뢰이다. [...] 암호학 기반의 전자 결제 시스템에서 필요한 것은 신뢰가 아닌 증명이다."
>
> - 사토시 나카모토[70]

---

[70] Satoshi Nakamoto, official Bitcoin announcement [51] and whitepaper [48]

비트코인은 중앙 서버나 신뢰 당사자 없이 완전히 탈중앙화되어 신뢰 문제를 해결한다. 신뢰할 수 있는 제3자는 물론 신뢰 당사자도 필요 없다. 중앙 권한이 없다면, 믿어야 할 사람도 없다. 완전한 탈중앙화는 혁신이다. 그것이 비트코인 회복탄력성resilience의 핵심이며, 지금까지 비트코인이 생존한 이유이다. 이러한 탈중앙화 덕분에 우리는 채굴이 가능하고, 노드, 하드웨어 지갑, 블록체인을 직접 보유할 수 있다. 우리가 유일하게 **신뢰**해야 할 것은 수학, 물리학의 법칙에 대한 우리의 이해가 잘못된 것이 아니며 대다수의 채굴자들이 인센티브를 얻기 위해 정직하게 행동한다적어도 정직하게 행동하도록 장려된다는 것이다.

일반적으로 "신뢰하되 검증하라.Trust, but verify."를 가정하지만, 비트코인은 "신뢰하지 말고 검증하라.Don't trust, verify."를 가정한다. 사토시는 비트코인 백서의 서론과 결론에서 신뢰 제거의 중요성을 분명하지 밝혔다.

> "결론: 신뢰에 의존하지 않고 전자 거래를 할 수 있는 시스템을 제안한다."
>
> - 사토시 나카모토[71]

여기서 신뢰에 의존하지 않는다는 것이 매우 구체적인 맥락에서 사용된다는 점에 유의해야 한다. 우리는 신뢰할 수 있는 제3자, 즉 돈을 발행, 보유 및 처리하기 위해 신뢰해야 하는 주체에 관해 이야기하고 있다. 예를 들어, 당신이 컴퓨터를 신뢰할 수 있다고 가정해 보자.

켄 톰슨Ken Thompson이 튜링 어워드Turing Award 강의에서 보여주었듯이 컴퓨터 세계에서 신뢰는 매우 까다로운 문제이다. 프로그램을 실행할

---

71   Satoshi Nakamoto, the Bitcoin whitepaper [48]

때 이론적으로 실행하려는 프로그램을 악의적인 방식으로 변경할 여지가 있는 모든 종류의 소프트웨어와 하드웨어를 신뢰해야 한다. 신뢰성에 대한 고찰Reflections on Trusting Trust에서 톰슨은 "교훈은 명확하다. 스스로 직접 작성한 코드가 아니면 신뢰할 수 없다."라고 일축했다.[68]

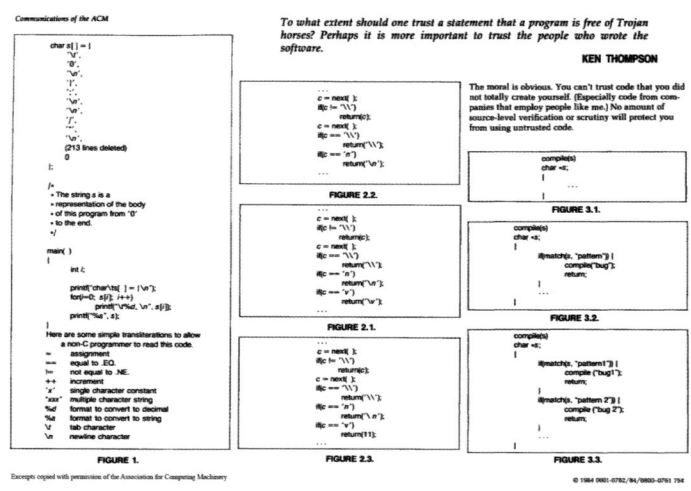

그림 16.1 켄 톰슨의 논문 '신뢰성에 대한 고찰'에서 발췌

톰슨은 코드에 대한 접근 권한이 있더라도 컴파일러 또는 기타 처리 프로그램, 하드웨어가 손상될 수 있으며, 이러한 백도어를 감지하기가 매우 어렵다고 말한다. 고로 신뢰가 필요없는 시스템은 존재하지 않는다. 완전하게 신뢰가 필요 없어 지려면 외부 소프트웨어나 지원 도구 없이 모든 소프트웨어와 하드웨어어셈블러, 컴파일러, 링커 등를 만들어야만 한다.

> "온전히 나의 힘으로 사과파이를 만들고 싶다면 먼저 우주를 만들어내야 한다."
>
> - 칼 세이건[72]

켄 톰슨 핵Ken Thompson Hack은 소프트웨어 수정 없이도 백도어 공격이 가능한 매우 독창적이고 탐지하기 어려운 방법인데 이에 대해 간단히 살펴보자. 연구원들은 실리콘 불순물의 극성을 변경하여 보안이 중요한 하드웨어를 손상시키는 방법을 찾아냈다.[9] 컴퓨터 칩을 구성하는 재료의 물리적 속성을 변경하는 것만으로도 암호학적으로 안전한 난수 생성기를 손상시킬 수 있었다. 이러한 변화는 눈에 보이지 않기 때문에 가장 강력한 변조 감지 메커니즘 중 하나인 광학 검사로는 백도어를 감지해낼 수 없다.

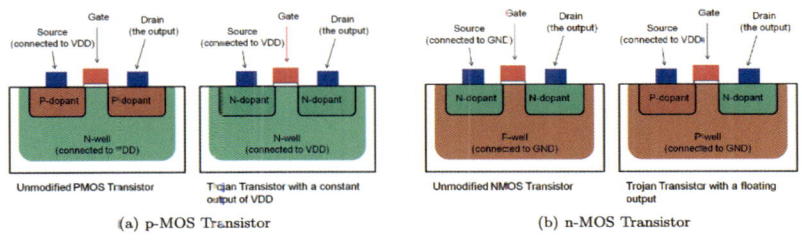

그림 16.2 은밀한 도펀트 레벨의 하드웨어 트로이 목마 바이러스

두려운가? 처음부터 모든 것을 만들 수 있다고 해도, 수학을 신뢰하는 문제가 여전히 남아있다. secp256k1이 백도어가 없는 타원곡선이라는 것을 믿어야 하는 것이다. 그렇다. 악성 백도어는 암호화 기능의 기초가 되는 수학에 삽입될 수 있으며 아마 적어도 한번은 그랬을 것이다.[78]

---

[72] Carl Segan, Cosmos [62]

하드웨어부터 소프트웨어, 타원곡선에 이르기까지, 모든 것이 백도어[80]를 포함할 수 있다는 사실은 편집증을 유발한다.

"신뢰하지 말고 검증하라.Don't trust. Verify."

- 도처의 비트코이너들

앞서 언급한 예시는 신뢰가 필요 없는trustless 컴퓨팅이 유토피아라는 것을 보여준다. 비트코인이 아마도 이 유토피아에 가장 가까운 시스템일 것이다. 아직 완벽하다고 말할 수 없으나 적어도 비트코인은 신뢰가 최소화되어 있고, 가능한한 신뢰를 제거하는 것을 목표로 하고 있다. 분명한 것은 신뢰의 사슬은 끝이 없다는 점이다. 계산에는 에너지가 필요하고, P는 NP와 같지 않으며, 실제로는 악의적인 참여자에게 휘둘리지 않고 있다는 점도 믿어야 한다.

개발자들은 여전히 남아있는 신뢰를 최소화하기 위한 도구와 절차를 개발하고 있다. 예를 들어, 비트코인 개발자들은 결정론적예측한 그대로 동작하는 빌드를 생성하기 위한 소프트웨어 배포 방법인 Gitian[73]을 만들었다. 이 기법의 핵심 아이디어는 여러 개발자가 동일한 바이너리를 재현할 수 있다면 악의적 변조의 가능성이 줄어든다는 것이다. 화려한 백도어만이 공격이 아니다. 단순한 협박이나 갈취도 실제하는 위협이다. 기본 프로토콜처럼 탈중앙화는 신뢰를 최소화하는 도구로 사용된다.

켄 톰슨의 해킹이 지적한 '닭이 먼저냐, 달걀이 먼저냐'에 대한 문제를 개선하는 노력도 다양하게 이루어지고 있다.[20] 그 노력 중 하나는 기능

---

73 https://gitian.org

적으로 선언된 패키지를 관리하여 설계에 따라 비트 단위로 재현 가능한 빌드를 제공하는 Guix[geeks로 발음][74]이다. 결과적으로 바이너리를 다시 빌드하여 변조되지 않았는지 확인할 수 있기 때문에 더 이상 소프트웨어 제공 서버를 신뢰할 필요가 없어진다. 최근 비트코인 빌드 프로세스로 통합하기 위한 Guix 풀 리퀘스트[한 개발자가 변경한 내용을 협업자들에게 알리는 활동]가 병합되었다.[75]

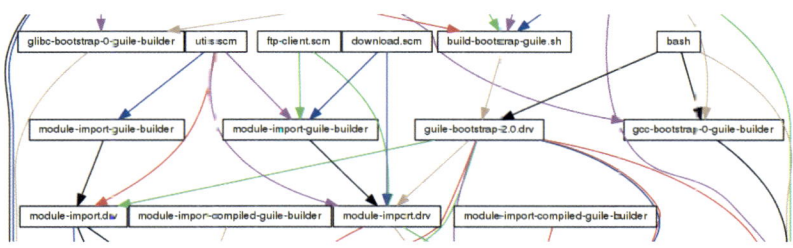

그림 16.3 닭이 먼저냐? 달걀이 먼저냐?

다행히 비트코인은 단일 알고리즘이나 하드웨어에 의존적이지 않다. 비트코인의 급진적인 탈중앙화 효과 중 하나는 분산형 보안 모델이라는 점이다. 앞서 설명한 백도어를 가볍게 치부할 순 없지만 모든 소프트웨어 지갑, 하드웨어 지갑, 암호화 라이브러리, 노드 구현체 및 각종 언어의 모든 컴파일러가 동시에 손상될 가능성은 거의 없다. 가능한 일이기는 하나, 실제 일어날 일이 거의 없다는 것이다.

특정 하드웨어나 소프트웨어에 의존하지 않고도 개인 키를 생성할 수

---

74 https://guix.gnu.org
75 PR 15277 of bitcoin-core: https://github.com/bitcoin/bitcoin/pull/15277

있다는 점에 주목하자. 동전을 몇 번 던져서 개인 키를 생성할 수는 있지만[4], 동전을 던지는 방법에 따라 무작위성randomness이 충분하지 않을 수 있다. 글래시어Glacier[76] 같은 스토리지 프로토콜에서 두 가지 엔트로피entropy 소스 중 하나로 카지노 급 주사위를 사용하도록 권장하는 이유가 있다.

비트코인은 나로 하여금 아무도 신뢰하지 않는다는 것이 실제로 무엇을 의미하는지 생각하게 했다. 이를 통해 부트스트래핑 문제bootstrapping problem, 부트스트래핑을 줄여 말하면 '부팅'이다. 일반화하자면, 시작하는 과정이라 할 수 있다.와 소프트웨어 개발 및 실행에 있어 암묵적 신뢰를 강요하는 구조에 대해 인식하게 되었다. 또한 소프트웨어와 하드웨어를 손상시킬 수 있는 다양한 공격에 대한 경각심도 높아졌다.

비트코인은 나에게 신뢰하는 법이 아닌 검증하는 법을 가르쳐 주었다.

---

[76] https://glacierprotocol.org

17
시간을 알려주는 데는
노력이 필요하다.

> "이런, 이런! 너무 늦겠어!"
>
> - 루이스 캐롤, 이상한 나라의 앨리스 -

흔히 비트코인을 채굴하기 위해 수천 대의 컴퓨터가 매우 복잡한 수학 문제를 푼다고 말한다. 풀어야 할 문제가 정해져 있고, 제일 먼저 정답을 계산해 내면 비트코인을 얻는다. 비트코인 채굴이라는 이 단순화된 관점은 전달하기 쉬울지 몰라도 핵심을 놓치게 하기 쉽다. 비트코인은 생산되거나 생성되는 것이 아니며, 이 전체 과정은 특정 수학 문제를 푸는 것과는 관련이 없다. 또한 채굴에 활용되는 수학은 그다지 복잡하지 않다. 진짜 복잡한 것은 탈중앙화된 시스템에서 **시간을 알려주는** 것이다.

비트코인 백서에 설명된 대로 작업증명proof-of-work, 일명 마이닝은 탈중앙화된 타임스탬프특정 시간을 기록하는 문자열 서버를 구현하는 방법이다.

Abstract. A purely peer-to-peer version of electronic cash would allow online payments to be sent directly from one party to another without going through a financial institution. Digital signatures provide part of the solution, but the main benefits are lost if a trusted third party is still required to prevent double-spending. We propose a solution to the double-spending problem using a peer-to-peer network. The network timestamps transactions by hashing them into an ongoing chain of hash-based proof-of-work, forming a record that cannot be changed without redoing the proof-of-work. The longest chain not only serves as proof of the sequence of events witnessed, but proof that it came from the largest pool of CPU power. As long as a majority of CPU power is controlled by nodes that are not cooperating to attack the network, they'll generate the longest chain and outpace attackers. The network itself requires minimal structure. Messages are broadcast on a best effort basis, and nodes can leave and rejoin the network at will, accepting the longest proof-of-work chain as proof of what happened while they were gone.

3. Timestamp Server

The solution we propose begins with a timestamp server. A timestamp server works by taking a hash of a block of items to be timestamped and widely publishing the hash, such as in a newspaper or Usenet post [2-5]. The timestamp proves that the data must have existed at the time, obviously, in order to get into the hash. Each timestamp includes the previous timestamp in its hash, forming a chain, with each additional timestamp reinforcing the ones before it.

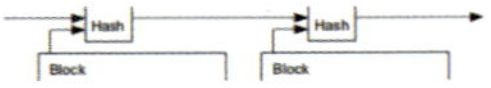

4. Proof-of-Work

To implement a distributed timestamp server on a peer-to-peer basis, we will need to use a proof-of-work system similar to Adam Back's Hashcash [6], rather than newspaper or Usenet posts. The proof-of-work involves scanning for a value that when hashed, such as with SHA-256, the hash begins with a number of zero bits. The average work required is exponential in the number of zero bits required and can be verified by executing a single hash.

그림 17.1 백서에서 발췌. 누가 타임체인이라고 했습니까?

나는 비트코인을 처음 접했을 때, 작업증명을 비효율적이고 낭비스럽다고 생각했다. 하지만 시간이 지나면서 비트코인의 에너지 소비[30]에 대한 관점이 바뀌기 시작했다. 비트코인이 세상에 나온 후 10년이 지난 지금도 여전히 작업증명은 오해받고 있는 것 같다. 풀어야 할 문제가 인위적으로 만들어졌다는 이유로 많은 사람들이 작업증명을 쓸데없는 것이라고 생각한다. 단순히 계산에만 초점을 맞춘다면 그렇게 판단할 수 있다. 하지만 비트코인은 무언가를 계산하기 위해 작업증명을 사용한 것이 아니다. 작업증명은 독립적인 주체들이 어떤 일의 순서를 정하기 위해 합의에 이르는 과정이다.

작업증명은 모든 참여자가 발생한 사건과 사건의 순서를 검증하는 시스템이다. 이러한 독립적 검증을 통해 누가 무엇을 소유하는지 여러 당사자로부터 개별적 합의를 이끌어낸다.

근원적으로 탈중앙화된 환경에서 절대적 시간이라는 것은 사치다. 모든 시계는 신뢰할 수 있는 제3자, 즉 중앙 시스템을 도입해야 가능하고 이는 언제든 해킹될 수 있다. 그리샤 트루베츠코이Grisha Trubetskoy가 지적한 것처럼 "시간이 근본적 문제"이다.[70] 사토시는 작업증명 블록체인을 통해 탈중앙형 시계를 구현함으로써 이 문제를 훌륭히 해결했다. 모두가 가장 깊은 작업이 누적된 체인이 '진실의 원천'이라는 것에 동의한다. 실제로 비트코인이 구동되고 있는 것은 이 정의에 따른 것이다. 이 합의를 나카모토 합의Nakamoto consensus라 한다.

> "네트워크는 제출된 거래의 증거를 해싱hashing하여 동작 중인 체인에 트랜잭션 타임스탬프를 기록한다."
>
> - 사토시 나카모토[77]

시간을 알 수 있는 일관된 방법이 없으면 사건의 선후를 구분할 방법이 없다. 신뢰할 수 있는 순서를 만드는 것이 불가능한 것이다. 위에서 언급했듯이, 나카모토 합의는 시간을 일관되게 알려주는 비트코인만의 방식이다. 시스템의 인센티브 구조는 경쟁 참여자의 탐욕과 이기심을 활용하여 확률적이고 탈중앙화된 시계를 만들어 낸다. 이 시계는 정확하지 않다. 하지만 사건의 순서가 모호하지 않고 누구나 선후 관계를 확인할 수 있기 때문에 시간의 정확성은 중요하지 않다.

작업증명 덕분에 작업과 작업의 유효성 검증이 근본적으로 탈중앙화된다. 누구나 참여할지 말지 자유롭게 결정할 수 있으며, 모든 참여자가 항상 모든 것을 검증할 수 있다. 뿐만 아니라 다른 사람에게 의존하지 않고 시스템 상태를 스스로 검증할 수 있다.

작업증명을 이해하는 데는 시간이 걸린다. 작업증명의 어떤 부분은 직관에 어긋나고, 규칙은 단순하지만 상당히 복잡한 현상을 초래한다. 채굴에 대한 관점을 바꾸니 작업증명이 이해된다. 쓸모없는 것이 아니고

---

[77] Satoshi Nakamoto, the Bitcoin whitepaper [48]

유용한 것이다. 계산하는 것이 아니라 검증하는 것이다. 블록이 아닌 시간을 말이다.

비트코인은 나에게 시간을 알려주는 것이 탈중앙화된 경우엔 특히나 까다롭다는 것을 가르쳐 주었다.

18
천천히 움직여라
아무것도 깨뜨리지 않도록

> ❝
> 그리하여 배는 밝은 여름날 아래 천천히 나아갔다. 즐거운 선원들과
> 음악의 선율, 그리고 웃음 소리와 함께…
>
> - 루이스 캐롤, 이상한 나라의 앨리스 -

케케묵은 진리일지 모르겠으나, "빠르게 움직여라, 무언가 깨뜨릴 정도로.Move fast and break things. 메타(구 페이스북)의 모토"는 기술 분야에서 여전히 통하는 방식이다. 처음부터 제대로 해내는 것이 중요하지 않다는 생각은 일찌감치 실패하고 자주 실패하라는 식의 사고방식이다. 성공은 성장으로 측정되기 때문에 성장하고 있는 한 모든 것이 허용된다. 무언가 잘 작동하지 않으면 방향을 전환하고 반복하면 된다. 다시 말해, 해보기 전까지는 정답을 알 수 없다는 뜻이다.

비트코인은 사뭇 다르다. 설계가 다르다. 필요성부터 다르다. 사토시가 말한 것처럼 전자화폐는 이전에도 여러 번 시도되었으나, 잘려버릴 수도 있는 머리, 즉 리더가 있었기에 모두 실패하고 말았다. 비트코인

의 참신함은 이 머리가 없다는 점이다.

> "많은 사람들이 1990년대부터 시도된 전자화폐의 실패 원인을 회사가 망했기 때문이라고 생각합니다. 분명히 말하지만 전자화폐 시스템이 망한 이유는 중앙에서 제어되는 특성을 가졌기 때문이었습니다."
>
> - 사토시 나카모토[78]

이러한 급진적인 탈중앙화의 결과 중 하나는 내재되어있는 변화에 대한 저항이다. "빠르게 움직여라, 무언가 깨뜨릴 정도로."의 방식은 비트코인에는 통하지 않으며, 앞으로도 그럴 것이다. 설사 이것이 바람직하다 하더라도, 모든 사람들이 자신의 방식을 바꾸리라 설득되지 않는 한 실행 불가능할 것이다. 이것이 바로 분산 합의이자 비트코인의 본질이다.

> "비트코인의 특성상 0.1 버전이 출시되고 나면 핵심 설계는 비트코인이 사라질 때까지 확정된 것이나 다름없습니다."
>
> - 사토시 나카모토[79]

이것은 비트코인의 많은 역설적 특징 중 하나이다. 우리 모두 소프트웨어는 쉽게 바꿀 수 있다고 믿게 되었다. 하지만 비트코인은 변경하기 매우 어렵다.

하수Hasu는 비트코인의 사회 계약 풀기Unpacking Bitcoin's Social Contract [32]에서 비트코인의 규칙을 변경하기 위해서는 제안을 통해서만 가능하며, 모든 사용자가 이를 채택하도록 설득해야 한다고 언급했다. 이로 인해 비트코인은 소프트웨어임에도 불구하고 변화에 매우 복원력이 강하다.

---

78 Satoshi Nakamoto, in a reply to Sepp Hasslberger [52]
79 Satoshi Nakamoto, in a reply to Gavin Andresen [52]

이러한 복원력은 비트코인의 주요 특성 중 하나이다. 중요한 역할을 수행하는 소프트웨어 시스템은 사회적 계층과 기술적 계층의 상호작용이 보장하는 안티프래질 특성[80]을 갖춰야 한다. 화폐 시스템은 본질적으로 적대적이다. 우리가 수천 년 동안 보았듯이 이러한 적대적 환경에서는 견고한 기반기 필수이다.

> "비가 내리고 창수가 나고 바람이 불어 그 집에 부딪치되 무너지지 아니하나니 이는 주추를 반석 위에 놓은 까닭이요."
>
> - 마태복음 7:24-27

성경에 등장하는 '현명한 건축가와 어리석은 건축가' 우화에 비유한다면 비트코인은 집house이 아니다. 반석rock이다.[81] 비트코인은 변치 않고, 움직이지 않으며 새로운 금융 시스템의 토대를 제공한다.

암석층이 항상 움직이고 진화하고 있다는 것을 아는 지질학자들과 마찬가지로 비트코인도 항상 움직이고 진화하고 있다는 것을 알 수 있다. 어디를 어떻게 봐야 하는지만 알면 된다.

P2SH[82]와 세그윗SegWit[83]의 도입은 다수의 네트워크 참여자가 해당 변경을 채택하는 것이 네트워크에 이익이 된다는 확신을 할 수 있다면 규칙도 변경할 수 있음을 보여준 증거이다. 세그윗은 비트코인이라는 단단한

---

80 역주. Antifragile. 충격을 받으면 오히려 더 강해지는 특성
81 역주. 집을 짓되 깊이 파고 주추를 반석 위에 놓은 사람과 같으니he s like a man which built an house, and digged deep, and laid the foundation on a rock 누가복음 6:48
82 P2SH^{Pay-to-script-hash} 트랜잭션 표준은 BIP 16에 정의되어 있다. 이 표준은 공개키[1로 시작하는 주소로 지불하는] 대신 스크립트 해시[3으로 시작하는 주소에 지불하는 것을] 허용한다. [15]
83 Segregated Witness는 트랜잭션의 유연성으로부터 네트워크를 보호하고 블록의 용량 효율을 늘리기 위해 구현된 프로토콜 업그레이드이다. SegWit은 입력에서 검증 데이터를 분리한다. [16]

반석 위에 지어진 집 중 하나인 라이트닝 네트워크[84] 개발을 가능하게 했다. 향후 슈노르 서명[59]과 같은 업그레이드를 통해 효율성과 프라이버시가 향상될 것이며, 탭루트 덕분에 일반 트랜잭션과 구별되지 않는 스마트 컨트랙트가 등장할 것이다. 현명한 건축가는 견고한 반석 위에 집을 짓는다.

사토시는 단지 기술적으로만 현명한 건축가가 아니었다. 그는 이념적으로도 현명한 결정이 필요하다는 것을 이해하고 있었다.

> "오픈소스라는 것은 누구나 독립적으로 코드를 검토할 수 있다는 것을 뜻합니다. 비공개 소스라면 누구도 보안성을 검증할 수 없습니다. 나는 이런 성격의 프로그램은 당연히 오픈소스로 공개되어야 한다고 생각합니다."
>
> - 사토시 나카모토[85]

개방성openness은 보안에 있어 가장 중요한 요소이며 오픈소스 및 자유 소프트웨어 운동the free software movement에 개방성이 내재되어 있다. 사토시가 지적했듯이 보안 프로토콜과 이를 구현하는 코드는 공개되어야 하며, 모호함으로는 보안을 확보할 수 없다. 개방성의 또 다른 장점은 탈중앙성과도 관련이 있다. 자유롭게 실행되고, 연구하며, 수정, 복사 및 배포할 수 있는 코드는 널리 확산될 수 있다.

비트코인의 극단적 탈중앙성으로 인해 비트코인은 느리고 신중하게 움직인다. 주권자 개인의 운영으로 구성된 노드 네트워크는 악의적이든 아니든 본질적으로 변화에 저항한다. 참여자에게 업데이트를 강제할 방

---

84 https://lightning.network
85 Satoshi Nakamoto, in a reply to SmokeTooMuch [53]

법이 없기 때문에 변화시킬 수 있는 유일한 방법은 모든 개인이 변경 사항을 채택하도록 천천히 설득하는 것이다. 변경 사항을 도입하고 배포하는 이 탈중앙화된 프로세스는 악의적인 변경에 대해 놀라울 정도로 탄력적으로 대응할 수 있게 해준다. 탈중앙화된 환경에서는 중앙집중식 환경에서보다 고장난 것을 고치는 것이 더 어렵기 때문에 모두가 애초에 비트코인을 고장내지 않으려 노력하는 것도 이유이다.

비트코인은 느리게 움직이는 것이 버그가 아닌 비트코인의 특징 중 하나라는 것을 가르쳐 주었다.

19
프라이버시는 죽지 않았다.

> "
> 선수들은 차례를 기다리지 않고 한꺼번에 플레이했고,
> 내내 큰 목소리로 다투었다. 여왕은 발을 구르며 1분에 한 번씩
> 맹렬하게 말했다. "그의 목을 쳐라!"
>
> - 루이스 캐롤, 이상한 나라의 앨리스 -

전문가들의 말에 의하면 80년대 이후로 프라이버시는 죽었다.[86] 하지만, 비트코인의 발명과 최근의 여러 사건들은 이것이 사실이 아님을 보여준다. 감시를 벗어나는 것이 결코 쉽지 않지만, 프라이버시는 살아있다.

사토시는 자신의 흔적을 지우고 신분을 감추기 위해 부단히 노력했다. 십년이 지난 지금도 사토시 나카모토가 한 사람인지 집단인지, 남성인지 여성인지, 아니면 세상을 정복하기 위해 미래에서 온 인공지능인지 알 수 없다. 음모론은 차치하고, 사토시는 자신을 일본 남성으로 밝히길 선택했기 때문에 그의 선택을 존중하여 나는 그를 he라고 지칭한다.

---

86 https://bit.ly/privacy-is-dead

그림 19.1 나는 도리안 L-카모토가 아닙니다.

그의 진짜 정체가 무엇이든 간에 사토시는 성공적으로 정체를 숨겼다. 그는 익명을 추구하는 모든 이들에게 힘을 북돋아 줄 만한 모범을 보였다. 온라인에서도 프라이버시를 보호할 수 있음을 말이다.

> "암호학은 잘 작동합니다. 제대로 구현된 강력한 암호 시스템은 우리가 신뢰할 수 있는 몇 안 되는 것 중 하나입니다."
>
> - 에드워드 스노든[87]

사토시는 최초의 익명 발명가가 아니며, 마지막 익명 발명가도 아닐 것이다. 밈블윔블^{MimbleWimble}[69]로 유명한 톰 엘비스 예두서$^{Tom\ Elvis\ Yedusor}$처럼 사토시의 익명 게재 스타일을 모방한 사람도 있고, 완전히 익명으로 고급 수학 증명을 발표한 사람도 있다.[3]

우리는 낯선 신세계를 살고 있다. 이 세계에서 신원^{identity}은 선택 사항이고, 기여는 공로에 따라 인정되며, 사람들은 자유롭게 협력하고 거래할 수 있다. 새로운 패러다임에 익숙해지려면 약간의 적응이 필요하겠지만, 이 모든 것에 세상을 더 나은 방향으로 변화시킬 잠재력이 있다고 굳게 믿고 있다.

87　Edward Snowden, answers to reader questions [65]

우리 모두는 프라이버시가 기본적인 인권이라는 사실을 기억해야 한다.[6] 그리고 이러한 권리를 행사하고 보호하는 사람들이 존재하는 한 프라이버시를 지키기 위한 투쟁은 끝나지 않을 것이다.

비트코인은 프라이버시가 죽지 않았다는 것을 가르쳐 주었다.

20
사이퍼펑크는 코드를 작성한다.

> "뭔가 발명하려고 하는 것 같군요."
>
> - 루이스 캐롤, 이상한 나라의 앨리스 -

 많은 훌륭한 아이디어가 그렇듯, 비트코인은 하루 아침에 생겨난 것이 아니다. 수학, 물리학, 컴퓨터 과학 및 기타 분야의 혁신과 발명들이 활용되고 결합되어 비트코인이 탄생하였다. 사토시는 의심할 여지 없이 천재이지만 선대 거장들의 도움이 없었다면 비트코인을 발명할 수 없었을 것이다.

> "바라기만 하는 사람은 사건이 진행되는 과정과 운명을 결정하는 것에 적극적으로 개입하지 않는다."
>
> - 루드비히 폰 미제스[88]

 선대 거장 중 한 사람은 사이퍼펑크 운동의 창시자이자 사이퍼펑크 선언문 A Cypherpunk's Manifesto의 저자인 에릭 휴즈 Eric Hughes이다. 사토시가

---

[88] Ludwig von Mises, Human Action [72]

사이퍼펑크 선언문의 영향을 받지 않았다고 상상하긴 어렵다. 이 선언문에는 개인 간 직접 거래, 전자화폐 및 현금, 익명 시스템, 암호화 및 디지털 서명에 기반한 프라이버시 등 비트코인에 적용된 많은 것들이 언급되어 있다.

> "프라이버시는 전자 시대의 개방된 사회를 위해 필요하다. [...] 우리는 프라이버시를 원하기 때문에 거래 당사자가 꼭 필요한 정보만을 알도록 해야 한다. [...] 따라서 개방된 사회의 프라이버시를 위해 익명화된 거래 시스템이 필요하다. 지금까지 현금으로 이것이 가능했다. 익명 거래 시스템은 비밀 거래를 말하는 것이 아니다. [...] 우리 사이퍼펑크는 익명 시스템 구축에 전념하고 있다. 우리는 암호화, 익명의 메일 전송 시스템, 디지털 서명 및 전자화폐로 개인정보를 보호하고 있다. 사이퍼펑크는 코드를 작성한다."
>
> - 에릭 휴즈[89]

사이퍼펑크는 가만히 바라기만 하지 않는다. 사이퍼펑크는 사건의 진행 과정에 적극적으로 개입하고 자신의 운명을 결정한다. 사이퍼펑크는 코드를 작성한다.

그래서 사토시는 진정한 사이퍼펑크의 방식대로 코드를 작성하기 시작했다. 추상적인 아이디어에서 출발한 코드가 실제로 작동한다는 것을 세상에 증명했다. 새로운 경제로의 희망의 씨앗을 심은 코드였다. 이 코드 덕분에 누구나 이 새로운 시스템이 실제로 작동한다는 것을 확인할 수 있게 되었고, 비트코인은 10분마다 여전히 살아있음을 세상에 증명하고 있다.

---

89 Eric Hughes, A Cypherpunk's Manifesto [37]

```
23    map<uint256, CBlockIndex*> mapBlockIndex;
24    const uint256 hashGenesisBlock("0x000000000019d6689c085ae165831e934ff763ae46a2a6c172b3f1b60a8ce26f");
25    CBlockIndex* pindexGenesisBlock = NULL;
26    int nBestHeight = -1;
27    uint256 hashBestChain = 0;
28    CBlockIndex* pindexBest = NULL;
      ⋮
675   int64 CBlock::GetBlockValue(int64 nFees) const
676   {
677       int64 nSubsidy = 50 * COIN;
678
679       // Subsidy is cct in half every 4 years
680       nSubsidy >>= (nBestHeight / 210000);
681
682       return nSubsidy + nFees;
683   }
684
685   unsigned int GetNextWorkRequired(const CBlockIndex* pindexLast)
686   {
687       const unsigned int nTargetTimespan = 14 * 24 * 60 * 60; // two weeks
688       const unsigned int nTargetSpacing = 10 * 60;
689       const unsigned int nInterval = nTargetTimespan / nTargetSpacing;
690
691       // Genesis block
692       if (pindexLast == NULL)
693           return bnProofOfWorkLimit.GetCompact();
```

그림 20.1 비트코인 버전 0.1의 일부

사토시는 자신의 혁신이 환상을 넘어 현실이 될 수 있도록 백서를 작성하기 전 코드를 작성했다. 그는 출시일이 지연되지 않도록 노력했다.[90] 그에겐 단지, 해야 할 일이 하나 더 늘어난 것에 지나지 않았다.

"모든 문제를 해결할 수 있다는 확신을 위해 코드를 먼저 작성해야 했고, 그런 다음 백서를 작성하였다."

- 사토시 나카모토[91]

끝없는 기약과 의심스러운 상황이 난무하는 세상 속에서 헌신적 업적을 위한 움직임이 절실하다. 신중한 생각과 할 수 있다는 확신으로 해결책을 실행에 옮겨야 한다. 우리 모두 좀 더 사이퍼펑크가 되어야 한다.

비트코인은 사이퍼펑크는 코드를 작성하여 실행한다는 것을 가르쳐 주었다.

---

90 우리는 모든 기능이 완성될 때까지 한 차례도 지체되어서는 안된다. - 사토시 나카모토 [55]
91 Satoshi Nakamoto, Re: Bitcoin P2P e-cash paper [49]

21

비트코인의 미래에 대한 비유

> "뭔가 흥미로운 일이 일어날 거예요."
>
> - 루이스 캐롤, 이상한 나라의 앨리스 -

지난 수십 년 동안 기술 혁신은 선형적 추세를 따르지 않는다는 사실이 명백해졌다. 기술적 특이점을 믿든 믿지 않든, 많은 분야에서 기하급수적으로 발전이 이루어지고 있다는 것은 부인할 수 없는 사실이다. 뿐만 아니라, 기술이 채택되는 속도도 빨라지고 있다. 어느새 동네 학교 운동장에 덤불은 사라졌고 아이들이 스냅챗Snapchat, 미국의 모바일 메신저을 사용하고 있다. 기하급수적 곡선은 우리가 방심하는 사이 갑자기 존재감을 드러내곤 한다.

비트코인은 기하급수적 기술을 바탕으로 구축된 기하급수적 기술이다. 데이터로 보는 세상Our World in Data[92]에서는 1903년 유선 전화 도입을 시작으로 기술 채택 속도가 증가하는 과정을 아름답게 보여준다. (그림

---

92 https://ourworldindata.org

21.1) 유선전화, 전기, 컴퓨터, 인터넷, 스마트폰 등 모두 가격 대비 성능과 채택률에서 기하급수적 성장 추세를 따른다. 비트코인도 마찬가지이다.[23]

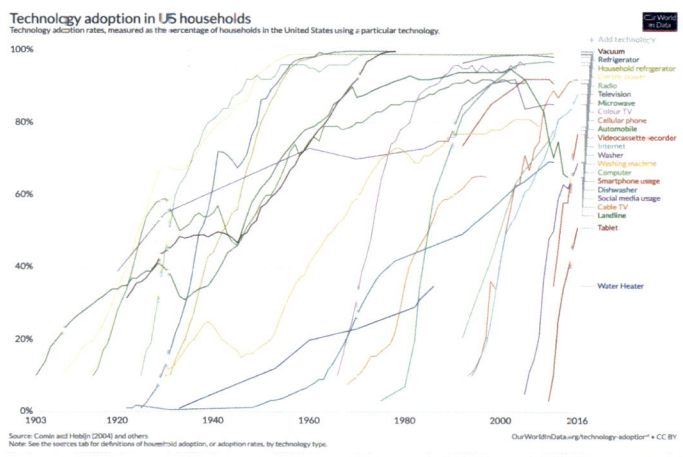

그림 21.1 비트코인은 말그대로 차트를 벗어났다.

비트코인은 여러 네트워크 효과[93]를 가지고 있다. 그 결과, 가격, 사용자, 보안, 개발자, 시장 점유율, 글로벌 화폐로서의 채택 등 각 영역에서 기하급수적 성장 패턴을 보인다.

비트코인은 초기 단계를 넘어서 여러 측면에서 매일 성장을 거듭하고 있다. 물론 이 기술은 아직 성숙 단계에 도달하지 않았다. 아직 청소년기일 수도 있다. 하지만 기술이 기하급수적으로 발전한다면, 모호함에서 보편성으로의 전이는 순식간에 일어날 것이다.

---

93 Trace Mayer, The Seven Network Effects of Bitcoin [43]

2003년 테드 강연에서 제프 베조스Jeff Bezos, 아마존 창립자는 웹의 미래를 전기에 비유했다.[94] 전기, 인터넷, 비트코인이라는 세 가지 현상은 다른 모든 것을 가능하게 하는 네트워크 기술을 실현한다. 이 세 가지 현상은 본질적으로 인프라적 성격을 갖는다.

그림 21.2 1965년과 2019년의 모바일 전화기

전기는 오래 전부터 존재해 왔다. 그래서 우리는 이를 당연하게 여긴다. 인터넷은 이보다 비교적 최근에 등장했지만 대부분의 사람들은 이미 인터넷을 당연하게 여긴다. 비트코인은 출시된 지 이제 10년 되었으며 대중은 지난 과대광고 주기기대감이 지나치게 높아진 시점 동안 비트코인을 인지하기 시작했다. 그래서 아직은 초기 수용자들만이 비트코인을 당연하게 받아들인다. 하지만, 시간이 지날수록 점점 많은 이들이 비트코인의 존재를 당연하게 여기게 될 것이다.[95]

1994년 당시, 인터넷은 여전히 혼란스럽고 직관적이지 않았다. 투데

---

94 http://bit.ly/bezos-web
95 이러한 것을 린디 효과라 한다. 린디 효과는 기술이나 아이디어처럼 썩지 않는 것의 미래 기대 수명이 현재 나이에 비례한다는 이론으로, 생존 기간이 늘어날 때마다 남은 기대 수명도 길어진다. [86]

이 쇼Today show 녹화 경상[96]을 보면 오늘날 자연스럽고 직관적이라고 느끼는 것들이 당시에는 그렇지 않았다는 것을 알 수 있다. 비트코인은 여전히 많은 사람들에게 혼란스럽고 낯설지만, 디지털 세대에게 인터넷이 제2의 고향인 것처럼 미래의 비트코인 세대들에게 사토시를 쌓는 것[97]이 제2의 고향이 될 것이다.

"미래가 여기에 있습니다. 단지 대중화되지 않았을 뿐입니다."

- 윌리엄 깁슨[98]

1995년에는 미국 인구의 약 15%가 인터넷을 사용했다. 퓨 리서치 센터the Pew Research Center[28]의 과거 데이터는 인터넷이 우리 삶에 어떻게 스며들었는지 보여준다. 카스퍼스키 랩Kaspersky Lab[40]의 소비자 설문 조사에 따르면 응답자의 13%가 2018년에 비트코인과 비트코인 유사품을 사용해 상품을 결제한 경험이 있다고 답했다. 결제가 비트코인의 유일한 사용 사례는 아니었지만, 이 지표는 비트코인이 인터넷 시대의 90년대 초중반 즈음의 지점에 와 있음을 보여준다.

1997년 제프 베조스는 주주 서한[11]에 "오늘은 인터넷의 첫날입니다.This is Day 1 for the Internet."라고 적었다. 그는 이 서한에 인터넷과 더 나아가 자신의 회사에 대한 엄청난 잠재력을 언급하였다. 비트코인의 날도 언제가 되었든, 아직 개척되지 않은 엄청난 잠재력이 있다는 것은 비트코인을 두심코 바라보는 몇몇을 제외한 모든 사람에게 분명히 인식될 것이다.

---

96 https://youtu.be/UlJku_CSyNg
97 https://twitter.com/hashtag/stackingsats
98 윌리엄 깁슨, 공상 과학 소설 속 과학 William Gibson, The Science in Science Fiction [29]

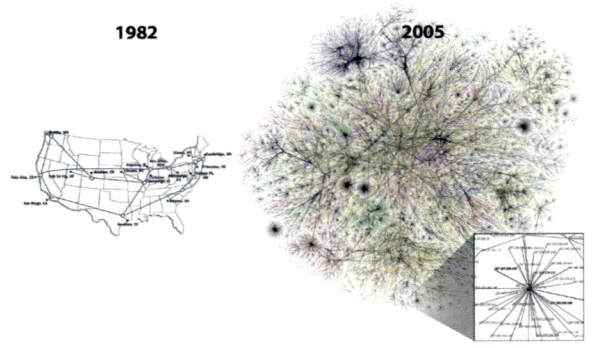

그림 21.3 1982년과 2005년의 인터넷 (출처: Merit Network)

비트코인의 첫 번째 노드는 2009년 사토시가 소프트웨어를 공개한 후 제네시스 블록[99]을 채굴하며 온라인 상태가 되었다. 사토시 노드는 머지않아 혼자가 아니게 되었다. 할피니는 사토시의 아이디어를 인정하고 비트코인 네트워크에 참여한 최초의 인물 중 하나였다. 10년 후, 이 글을 쓰는 시점에 75,000개 이상[100]의 노드가 비트코인을 구동하고 있다.

그림 21.4 2009년 1월 할피니가 비트코인을 처음으로 언급한 트윗

---

99 비트코인의 첫 번째 블록이다. 최신 버전의 비트코인은 블록을 0으로 시작했지만, 초기 버전에서는 블록을 1로 계산했다. 제네시스 블록은 일반적으로 비트코인 블록체인을 구동하는 응용프로그램의 소프트웨어에 하드코딩된다. 이전 블록이 없이 보상을 만들어내는 데서 다른 블록과는 차별점이 있다. 제네시스 블록의 코인베이스 매개변수에는 다음 문구가 포함되어 있다. "The Times 03/Jan/2009 Chancellor on brink of second bailout for banks" [14]

100 https://bit.ly/luke-nodecount

비트코인 프로토콜의 기본 레이어만 기하급수적으로 성장하고 있는 것이 아니다. 두 번째 레이어인 라이트닝 네트워크는 훨씬 더 빠른 속도로 성장하고 있다.

2018년 1월, 라이트닝 네트워크에는 40개의 노드와 60개의 채널이 있었다.[100] 2019년 4월, 네트워크는 4,000개 이상의 노드와 40,000개의 채널로 성장했다. 라이트닝 네트워크는 자금 손실이 발생할 수 있고, 실제로 발생하기도 하는 실험적인 기술임을 명심해야 한다. 하지만 수천 명의 사람들이 무모하고 열성적으로 라이트닝 네트워크를 사용하려는 추세만은 분명하다.

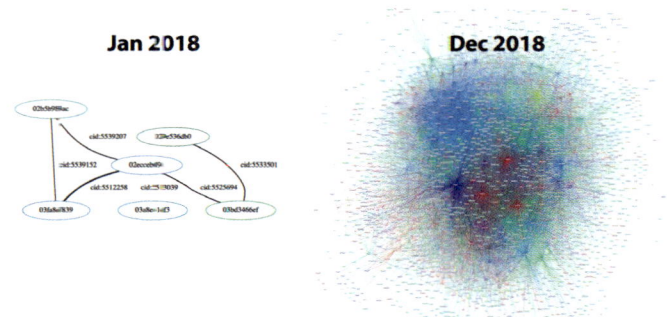

그림 21.5 2018년 1월과 2018년 12월의 라이트닝 네트워크 (출처: Jameson Lopp)

웹의 급격한 성장을 경험한 나에게 인터넷과 비트코인은 평행이론에 있다. 둘 다 네트워크이고 기하급수적 기술이며 새로운 가능성, 새로운 산업, 새로운 삶의 방식을 가능하게 한다. 인터넷이 어디로 향하고 있는지 이해하기 위해 증기가 가장 좋은 비유였던 것처럼, 비트코인이 어디로 향하고 있는지 이해하기 위해 인터넷이 가장 좋은 비유가 될 수 있다.

안드레아스 안토노풀로스Andreas Antonopoulos의 말을 빌리자면, 비트코인은 돈의 인터넷The Internet of Money이다. 역사가 반복되지 않는다 하더라도 종종 이러한 라임rhymes이 맞아떨어질 수도 있다.

기하급수적으로 발전하는 기술은 파악하기도 어렵고 종종 과소 평가되기도 한다. 이런 기술에 큰 관심을 가진 나로써도 그 발전과 혁신의 속도에 끊임없이 놀라곤 한다. 비트코인 생태계가 성장하는 것을 지켜보는 것은 마치 인터넷의 부상을 빨리 감기로 보고 있는 것과 같다. 정말 짜릿하다.

비트코인을 이해하고자 하는 나의 탐구는 여러 각도에서 역사를 돌아보는 여정이었다. 고대 사회의 구조, 과거의 화폐, 통신 네트워크가 어떻게 진화했는지 이해하는 것도 이 여정의 일부였다. 손도끼에서 스마트폰에 이르기까지, 기술은 의심할 여지 없이 세상을 여러 차례 변화시켰다. 특히 네트워크 기술은 문자, 도로, 전기, 인터넷과 같은 혁신을 일으켰다. 이 모든 것이 세상을 변화시켰다. 비트코인은 나를 변화시켰고, 비트코인을 사용하는 사람들의 생각과 마음을 계속 변화시킬 것이다.

비트코인은 미래를 알기 위해 반드시 과거를 이해해야 함을 알려 주었다. 이제 막 시작된 미래를...

결론

> "처음부터 읽어라." 왕은 엄중하게 말했다.
> "그리고 끝까지 읽고, 끝내라."
>
> - 루이스 캐롤, 이상한 나라의 앨리스 -

서두에서도 언급했지만 "비트코인으로부터 무엇을 배웠는가?"에 대한 대답은 늘 불완전하다. 비트코인은 기술과 경제학같은 여러 살아있는 시스템들의 공생 관계가 얽혀있어서 다루어야 할 주제가 방대하고, 비트코인을 완전히 이해하기엔 모든 것이 너무 빠르게 변화하고 있다.

비록 비트코인을 완전히 이해하지 못하고, 비트코인에 단점과 결점이 있다 하더라도, 비트코인은 의심할 여지 없이 작동하고 있다. 그것도 약 10분마다 계속 블록을 생성하며 매우 아름답게 작동하고 있다. 비트코인이 오래 작동할수록 더 많은 사람들이 비트코인을 선택하게 될 것이다.

> "어떤 것이 작동할 때 아름답다는 것은 진실이다. 예술은 기능이다."
>
> - 지안니나 브라스키[101]

비트코인은 인터넷의 산물이다. 비트코인은 기하급수적으로 성장하고 있으며 분야의 경계를 무너뜨리고 있다. 예를 들어, 순수 기술의 영역이 어디에서 끝나고 다른 영역이 어디서부터 시작되는지 명확하지 않다. 비트코인이 효율적으로 작동하려면 컴퓨터가 필요하지만, 컴퓨터 과학만으로는 비트코인을 이해하기 충분하지 않다. 비트코인의 내부 작동 측면에서도 경계가 없을 뿐 아니라 학문의 분야에서도 경계가 없다.

비트코인이 무엇이고 비트코인이 어떻게 작동하는지 이해하기 위해서는 경제학, 정치학, 게임 이론, 화폐의 역사, 네트워크 이론, 금융, 암호학, 정보 이론, 검열, 법률과 규제, 인간 조직, 심리학 등, 이 모든 전문 분야의 도움이 필요하다.

비트코인의 성공은 하나의 발명품 때문이 아니다. 이전에는 서로 관련 없던 여러 가지가 게임 이론적 인센티브에 의해 결합된 것이 바로 비트코인이라는 혁명을 만들어낸 것이다. 여러 분야를 망라하는 아름다운 조화가 사토시를 천재로 만들었다. 모든 복잡한 시스템이 그러하듯 비트코인도 효율성, 비용, 보안 및 여러 측면에서 절충이 필요하다. 원으로 사각형을 만들어내는 완벽한 방법이 없는 것처럼, 비트코인이 해결하려는 방법도 항상 불완전할 수밖에 없다.

---

[101] Giannina Braschi, Empire of Dreams [18]

"정부의 손에서 빼앗기 전에는 다시는 좋은 돈을 가질 수 없다고 생각합니다. 정부의 손에서 폭력적으로 빼앗을 수는 없으니, 우리가 할 수 있는 일은 교활한 우회로를 통해 그들이 막을 수 없는 무언가를 도입하는 것 뿐입니다."

- 프리드리히 하이에크[102]

비트코인은 건전 화폐를 세상에 다시 도입하는 교묘하고 우회적인 방법이다. 다빈치가 비트루비안 맨Vitruvian Man을 중앙에 배치하여 원을 제곱하는 까다로운 문제를 풀려고 했던 것처럼, 비트코인은 각 노드 뒤에 자주적 개인을 배치하여 문제를 해결하려고 한다. 노드는 효과적으로 중앙의 개념을 제거하여 놀라울 정도로 공격에 취약하지 않고 중단시키기 어려운 시스템을 만든다. 비트코인은 살아있고, 그 심장 박동은 아마도 우리의 심장 박동보다 오랫동안 뛸 것이다.

21가지 교훈이 도움이 되었길 바란다. 아마도 가장 중요한 교훈은 비트코인의 완전한 그림을 그리려면 전체적으로 여러 각도에서 살펴봐야 한다는 점일 것이다. 복잡한 시스템의 한 부분을 제거하면 전체가 파괴되는 것처럼, 비트코인의 일부를 따로따로 공부하면 비트코인에 대한 이해가 흐려진다. 누군가 단어장에서 "blockchain"이란 단어를 "a chain of blocks"로 바꾼다면, 정말 행복하게 죽을 수 있을 것 같다.

어쨌든 내 여정은 계속된다. 나는 이 토끼굴에 더 깊이 들어갈 계획이며, 여러분도 동행해 주길 바란다.

---

102 Friedrich Hayek on Monetary Policy, the Gold Standard, Deficits, Inflation, and John Maynard Keynes https://youtu.be/EYhEDxFwFRU

감사의 글

비트코인에 대한 제 생각에 영향을 준 수많은 저자와 콘텐츠 제작자에게 감사드립니다. 모두 나열하기 너무 많기에 몇 분만 추려 언급하겠습니다.

이 글을 쓰도록 동기를 제공해 준 아준 발라지Arjun Balaji에게 감사드립니다.

끝없이 생각할거리와 즐길거리를 제공해 준 마티 벤트Marty Bent에게 감사드립니다. 마티 벤트와 크립토 이야기Marty's Bent and Tales From The Crypt를 구독해 주세요. 토끼굴로 우리를 안내해 준 매트과 마티Matt and Marty에게 감사를 표합니다.

나카모토 연구소Nakamoto Institute를 통해 최고의 비트코인 문헌을 큐레이팅하고 제공해 주신 마이클 골드스타인Michael Goldstein과 피에르 로차드Pierre Rochard에게 감사드립니다. 그리고 비트코인에 대한 저의 철학적 견해에 상당한 영향을 준 노디드Noded 팟캐스트를 만들어주셔서 감사합니다.

사이페딘 아모스Saifedean Ammous의 신념과 거침없는 트윗, 그리고 비트코인 스탠다드The Bitcoin Standard 저술에 감사드립니다.

타임체인어 대해 알게 된 기쁨을 공유해 준 프란시스 풀리오Francis Pouliot에게 감사의 인사를 전합니다.

수년에 걸쳐 제작한 모든 교육자료를 제공해 주신 안드레아스 안토노풀로스Andreas M. Antonopoulos에게 감사드립니다.

피터 맥코맥Peter McCormack의 솔직한 트윗과 비트코인의 여러 분야에서 훌륭한 인사이트를 제공하는 왓 비트코인 디드What Bitcoin Did 팟캐스트에 감사드립니다.

일부 교훈의 초안에 피드백을 제공해 주신 재닉Jannik, 브랜든Brandon, 맷Matt, 카밀로Camilo, 다니엘Daniel, 마이클Michael, 라파엘Raphael에게 감사드립니다. 초안을 여러 번 교정해 준 재닉에게 특별히 감사드립니다.

시간을 내어 이러한 아이디어에 대해 논의해 주신 데릅 반살Dhruv Bansal과 맷 오델Matt Odell에게 감사드립니다.

21lessons.com의 오디오 버전을 제작해 준 가이 스완Guy Swann에게 감사드립니다.

영적인 지원과 지도를 아끼지 않고 이 책의 서문을 써주신 하스 수사님Friar Hass께 감사드립니다.

나의 강박적인 성격을 참아준 아내에게 감사드립니다.

좋은 일이 있을 때나 나쁜 일이 있을 때나 저를 응원해준 가족에게 감사합니다.

마지막으로 비트코인 트위터라는 아름다운 정원에 상주하는 모든 비트코인 맥시멀리스트, 똥코인 미니멀리스트, 사기꾼, 봇, 똥코인 트위터리안들에게 감사드립니다.

진짜 마지막으로 이 글을 읽어주셔서 감사합니다. 제가 글을 쓰면서 즐거웠던 만큼 여러분도 즐거우셨기를 바랍니다.

그림 목록

1	비트코인 황소를 조사하는 눈먼 승려	25
7.1	비트코인 토끼굴은 무한하다.	42
9.1	바이마르 공화국의 초인플레이션 (1921-1923)	53
12.1	명목 화폐의 사전적 의미 – '그대로 될지어다. Let it be done.'	64
12.2	리디아의 일렉트럼 동전	65

   (출처: Classical Numismatic Group)

12.3	심각하게 잘린 은화	66
12.4	달러의 기원	67

   마법사 모자를 쓰고 로브를 입은 성 요하킴 Saint Joachim 이 그려져 있다.

   (출처: 위키피디아)

12.5	1928년의 미국 은 1 달러화	68

   'PAYABLE TO THE BEARER ON DEMAND 요청 시 소지인에게 지급됨'라고 적혀있다.

   (출처: 스미스소니언 재단 국립 화폐 컬렉션)

12.6	1928년 미국 금 100 달러화	69

   (출처: 미국 국립 박물관 국립 화폐 컬렉션)

12.7	2004년 미국 20 달러화	70

   'THIS NOTE IS LEGAL TENDER'라고 적혀있다.

13.1	통화 승수 효과	74

13.2	옐런이 연준 감사를 강력히 반대한다는 발언을 하는 도중 한 남자가 비트코인 사세요 Buy Bitcoin 팻말을 들고 있다.	75
14.1	비트코인 공급량 공식	78
14.2	비트코인의 공급량 제한	79
14.3	금의 저량 대 유량 비율	81
14.4	달러, 금, 비트코인의 저량과 유량	82
14.5	금과 비교한 비트코인의 저량 대 유량 비율	83
15.1	약 1조 초 전 각 도시의 빙하 두께 (출처: xkcd 1225)	89
15.2	그랜트 샌더슨 영상의 SHA-256을 설명하기 위한 일러스트	91
15.3	$5 렌치 공격 (출처: xkcd 538)	93
15.4	타원곡선의 예시 (출처: Emmanuel Boutet)	94
16.1	켄 톰슨의 논문 '신뢰성에 대한 고찰'에서 발췌	98
16.2	은밀한 도펀트 레벨의 하드웨어 트로이 목마 바이러스	99
16.3	닭이 먼저냐? 달걀이 먼저냐?	101
17.1	백서에서 발췌. 누가 타임체인이라고 했습니까?	104
19.1	나는 도리안 나카모토가 아닙니다.	113
20.1	비트코인 버전 0.1의 일부	117
21.1	비트코인은 말그대로 차트를 벗어났다.	119
21.2	1965년과 2019년의 모바일 전화기	120
21.3	1982년과 2005년의 인터넷 (출처: Merit Network)	122
21.4	2009년 1월 할피니가 비트코인을 처음으로 언급한 트윗	122
21.5	2018년 1월과 2018년 12월의 라이트닝 네트워크 (출처: Jameson Lopp)	123

참고문헌에 관하여

최근 비트코인에 관련된 많은 책이 출간되었습니다.
그러나 대부분의 관심이 있을 만한 자료는 온라인에 있습니다.

다음 참고문헌에는 서적, 논문, 온라인 자료들이 모두 나열되어
있습니다. 자료에 연결된 URL은 2019년 10월에 유효하며
접근이 확인된 자료들입니다.
만약 하나라도 유효하지 않은 페이지로 연결되었다면 죄송합니다.
유효하지 않은 링크를 업데이트할 수 있도록 알려 주세요.[103]

추신. 비트코인과 IPFS는 이 문제를 해결할 수 있습니다.

---

103 https://dergigi.com/contact

참고문헌

[1] Saifedean Ammous. The Bitcoin Standard: The Decentralized Alternative to Central Banking. Wiley, 2017.

[2] Saifedean Ammous. Presentation on the bitcoin standard. https://www.bayernlb.de/internet/media/de/ir/downloads_1/bayernlb_research/sonderpublikationen_1/bitcoin_munich_may_28.pdf, May 2018.

[3] Jay Pantone Anonymous 4chan Poster, Robin Houston and Vince Vatter. A lower bound on the length of the shortest superpattern. October 2018.

[4] Andreas M Antonopoulos. Mastering Bitcoin: Programming the Open Blockchain. "O'Reilly Media, Inc.", 2014.

[5] Julian Assange. Cypherpunks: Freedom and the future of the internet – introduction: A call to cryptographic arms. https://cryptome.org/2012/12/assange-crypto-arms.htm, December 2012.

[6] United Nations General Assembly. The universal declaration of human rights, December 1948.

[7] Beautyon. Why america can't regulate bitcoin. https://hackernoon.com/141/why-america-cant-regulate-bitcoin-8c77cee8d794, March 2018.

[8] Beautyon. Bitcoin is. And that is enough. https://medium.com/@beautyon_/bitcoin-is-and-that-is-enough-e3116870eed1, October 2019.

[9] Georg T Becker, Francesco Regazzoni, Christof Paar, and Wayne P Burleson. Stealthy dopant-level hardware trojans. In International Workshop on Cryptographic Hardware and Embedded Systems, pages 197–214. Springer, 2013.

[10] Marty Bent. Tales from the crypt – a podcast about bitcoin. https://tftc.io/tales-

from-the-crypt, 2017.

[11] Jeff Bezos. To our shareholders. http://media.corporate-ir.net/media_files/irol/97/97664/reports/Shareholderletter97.pdf, 1997.

[12] Bitcoin Wiki contributors. Block hashing algorithm — Bitcoin Wiki. https://en.bitcoin.it/w/index.php?title=Block_hashing_algorithm&oldid=66452, 2019.

[13] Bitcoin Wiki contributors. Controlled supply — Bitcoin Wiki. https://en.bitcoin.it/w/index.php?title=Controlled_supply&oldid=66483, 2019.

[14] Bitcoin Wiki contributors. Genesis block — Bitcoin Wiki. https://en.bitcoin.it/w/index.php?title=Segregated_Witness&oldid=66902, 2019.

[15] Bitcoin Wiki contributors. Pay to script hash — Bitcoin Wiki. https://en.bitcoin.it/w/index.php?title=Pay_to_script_hash&oldid=64705, 2019.

[16] Bitcoin Wiki contributors. Segregated witness — Bitcoin Wiki. https://en.bitcoin.it/w/index.php?title=Segregated_Witness&oldid=66902, 2019.

[17] Godfrey Bloom. Why the whole banking system is a scam. https://youtu.be/hYzX3YZoMrs, May 2013.

[18] Giannina Braschi. Empire of Dreams. AmazonCrossing, 2011.

[19] Nic Carter. Bitcoin's existential crisis / what is it like to be a bitcoin? https://medium.com/s/story/what-is-it-like-to-be-a-bitcoin-56109f3e6753, November 2018.

[20] Guix Contributors. Guix — bootstrapping. https://guix.gnu.org/manual/en/html_node/Bootstrapping.html, 2019.

[21] Bernard W. Dempsey. Interest and Usury. American Council on Public Affairs, https://babel.hathitrust.org/cgi/pt?id=mdp.39015011903997&seq=23, 1943.

[22] Daniel C Dennett and Douglas R Hofstadter. The mind's I: fantasies and reflections on self and soul. Harvester Press, 1981.

[23] Jeff Desjardins. The rising speed of technological adoption. https://www.visualcapitalist.com/rising-speed-technological-adoption, February 2017.

[24] Peter Diamandis. Abundance : the future is better than you think. Free Press, New York, 2012.

[25] Dunny. I've learned more about finance, economics, technology, cryptography,

human psychology, politics, game theory, legislation, and myself in the last three months of crypto than the last three and a half years of college. https://twitter.com/BitcoinDunny/status/935330541263519745, November 2017.

[26] epii. New bitcoin logo. https://bitcointalk.org/ index.php?topic=4994.msg140770#msg140770, May 2011.

[27] Electronic Frontier Foundation. The crypto wars:governments working to undermine encryption. https://www.eff.org/files/2014/01/03/cryptowarsonepagers-1_cac.pdf, 2018.

[28] Susannah Fox and Lee Rainie. How the internet has woven itself into american life. https://pewrsr.ch/32M7Qmg, February 2014.

[29] William Gibson. The science in science fiction. https://www.npr.org/2018/10/22/1067220/the-science-in-science-fiction, October 2018.

[30] Gigi. Bitcoin's energy consumption – a shift in perspective.https://dergigi.com/2018/06/10/bitcoin-s-energy-consumption, June 2018.

[31] Gigi. The magic dust of cryptography – how digital information is changing our society bitcoin's gravity. https://dergigi.com/2018/08/17/the-magic-dust-of-cryptography, Aug 2018.

[32] Hasu. Unpacking bitcoin's social contract. https://uncommoncore.co/ unpacking-bitcoins-social-contract, December 2018.

[33] Friedrich August Hayek. 1980s Unemployment and the Unions: Essays on the Impotent Price Structure of Britain and Monopoly in the Labour Market. Institute of Economic Affairs, 1984.

[34] Friedrich August Hayek. The Collected Works of F.A. Hayek, Volume 6, Good Money, Part II. Routledge, 1999.

[35] Henry Hazlitt. Economics in One Lesson. Ludwig von Mises Institute, https://mises.org/library/economics-one-lesson, 1946.

[36] Dan Held. Bitcoin's distribution was fair. https://blog.picks.co/bitcoins-distribution-was-fair-e2ef7bbbc892, 2018.

[37] Eric Hughes. A cypherpunk's manifesto. https://www.activism.net/cypherpunk/manifesto.html, March 1993.

[38] Guido J¨org Hu¨lsmann. Ethics of Money Production. Ludwig von Mises Institute, https://mises.org/library/ethics-money-production, 2008.

[39] Robert Kiyosaki. Why the rich are getting richer. https://youtu.be/abMQhaMdQu0, July 2015.

[40] Kaspersky Lab. From festive fun to password panic: Managing money online this christmas. https://www.kaspersky.com/blog/money-report-2018, 2018.

[41] Jameson Lopp. No one has found the bottom of the bitcoin rabbit hole. https://twitter.com/lopp/status/1061415918616698881, November 2018.

[42] Margo Fapport. History shows price of an ounce of gold equals price of a decent men's suit, says sionna investment managers. https://www.businesswire.com/news/home/20110819005774/en/History-Shows-Price-Ounce-Gold-Equals-Price, 2011.

[43] Trace Mayer. The 7 network effects of bitcoin. https://www.thrivenotes.com/the-7-network-effects-of-bitcoin, January 2016.

[44] Ralph C. Merkle. Daos, democracy and governance. https://alcor.org/cryonics/Cryonics2016-4.pdf#page=28, July–August 2016.

[45] Fiat Minimalist. Isn't it ironic that bitcoin has taught me more about money than all these years I've spent working for financial institutions? https://twitter.com/fiatminimalist/status/1072880815661436928, December 2018.

[46] The Austrian Mint. Gold: The extraordinary metal. https://www.muenzeoesterreich.at/eng/discover/for-investors/gold-the-extraordinary-metal, November 2017.

[47] British Museum. The origins of coinage. https://www.britishmuseum.org/explore/themes/money/the_origins_of_coinage.aspx, 2007.

[48] Satoshi Nakamoto. Bitcoin: A peer-to-peer electronic cash system. October 2008.

[49] Satoshi Nakamoto. Re: Bitcoin p2p e-cash paper. https://www.metzdowd.com/pipermail/cryptography/2008-November/014832.html, November 2008.

[50] Satoshi Nakamoto. Bitcoin open source implementation of p2p currency. http://p2pfoundation.ning.com/forum/topics/bitcoin-open-source?commentId=2003008%3AComment%3A9562, February 2009.

[51] Satoshi Nakamoto. Bitcoin open source implementation of p2p currency. http://p2pfoundation.ning.com/forum/topics/bitcoin-open-source, February 2009.

[52] Satoshi Nakamoto. Re: Bitcoin open source implementation of p2p currency. http://p2pfoundation.ning.com/forum/topics/bitcoin-open-source, February

2009.

[53] Satoshi Nakamoto. Re: Questions about bitcoin. https://bitcointalk.org/index.php?topic=13.msg46#msg46, December 2009.

[54] Satoshi Nakamoto. Dealing with sha-256 collisions. https://bitcointalk.org/index.php?topic=191.msg1585#msg1585, June 2010.

[55] Satoshi Nakamoto. Re: 0.3 almost ready. https://bitcointalk.org/index.php?topic=199.msg1670#msg1670, June 2010.

[56] Satoshi Nakamoto. Re: Transactions and scripts: Dup hash160 ... equalverify checksig. https://bitcointalk.org/index.php?topic=195.msg1611#msg1611, June 2010.

[57] Ron Paul. End the Fed. Grand Central Publishing, http://endthefed.org/books, 2009.

[58] Jordan Pearson. Inside the world of the bitcoin carnivores: Why a small community of bitcoin users is eating meat exclusively. https://motherboard.vice.com/en_us/article/ne74nw/inside-the-world-of-the-bitcoin-carnivores, September 2017.

[59] Pieter Wuille. Schnorr signatures for secp256k1. https://github.com/sipa/bips/blob/bip-schnorr/bip-schnorr.mediawiki, 2019.

[60] Plato. Plato in Twelve Volumes, Vol. 3. (Euthydemus section 304a/304b). Harvard University Press, http://www.perseus.tufts.edu/hopper/text?doc=Perseus%3Atext%3A1999.01.0178%3Atext%3DEuthyd.%3Asection%3D304a, 2017.

[61] Federal Reserve. Money stock measures - discontinuance of M3. https://www.federalreserve.gov/Releases/h6/discm3.htm, 2005.

[62] Carl Sagan. Cosmos. Random House, 1980.

[63] Bruce Schneier. Applied Cryptography: Protocols, Algorithms and Source Code in C. John Wiley and Sons, 2017.

[64] Bruce Schneier. Schneier on security. https://www.schneier.com, 2019.

[65] Edward Snowden. Edward snowden: Nsa whistleblower answers reader questions. https://www.theguardian.com/world/2013/jun/17/edward-snowden-nsa-files-whistleblower, June 2013.

[66] Jimmy Song. Why bitcoin is different. https://medium.com/@jimmysong/why-bitcoin-is-different-e17b813fd947, April 2018.

[67] U.S. Geological Survey. National minerals information center – mineral commodity summaries. https://www.usgs.gov/centers/nmic/mineral-commodity-summaries, 2019.

[68] K. Thompson. Reflections on trusting trust. In ACM Turing award lectures, page 1983, 2007.

[69] Tom Elvis Jedusor. Mimblewimble origin. https://github.com/mimblewimble/docs/wiki/MimbleWimble-Origin, 2016.

[70] Grisha Trubetskoy. Blockchain proof-of-work is a decentralized clock. https://grisha.org/blog/2018/01/23/explaining-proof-of-work, 2018.

[71] Peter Van Valkenburgh. Coin center's peter van valkenburg on preserving the freedom to innovate with public blockchains. http://bit.ly/valkenburgh, November 2018.

[72] Ludwig von Mises. Human Action. Ludwig von Mises Institute, https://mises.org/library/human-action-0/html/p/607, 1949.

[73] Wikipedia contributors. 2013-present economic crisis in venezuela Wikipedia, the free encyclopedia. https://en.wikipedia.org/w/index.php?title=2013%E2%80%93present_economic_crisis_in_Venezuela&oldid=918242758, 2019.

[74] Wikipedia contributors. Austrian school — Wikipedia, the free encyclopedia. https://en.wikipedia.org/w/index.php?title=Austrian_School&oldid=920008469, 2019.

[75] Wikipedia contributors. Bimetallism — Wikipedia, the free encyclopedia. https://en.wikipedia.org/w/index.php?title=Bimetallism&oldid=920537299, 2019.

[76] Wikipedia contributors. Crypto wars — Wikipedia, the free encyclopedia. https://en.wikipedia.org/w/index.php?title=Crypto_Wars&oldid=916147143, 2019.

[77] Wikipedia contributors. Discrete logarithm — Wikipedia, the free encyclopedia. https://en.wikipedia.org/w/index.php?title=Discrete_logarithm&oldid=909625575, 2019.

[78] Wikipedia contributors. Dual ec drbg — Wikipedia, the free encyclopedia. https://en.wikipedia.org/w/index.php?title=Dual_EC_DRBG&oldid=918490393, 2019.

[79] Wikipedia contributors. Dyson sphere — Wikipedia, the free encyclopedia.https://en.wikipedia.org/w/index.php?title=Dyson_sphere&oldid=916621053, 2019.

[80] Wikipedia contributors. Elliptic-curve cryptography — Wikipedia, the free

encyclopedia. https://en.wikipedia.org/w/index.php?title=Elliptic-curve_ cryptography&oldid=916608234#Backdoors, 2019.

[81] Wikipedia contributors. Hyperinflation — Wikipedia, the free encyclopedia. https://en.wikipedia.org/w/ index.php?title=Hyperinflation&oldid=919343724, 2019.

[82] Wikipedia contributors. Illegal number — Wikipedia, the free encyclopedia. https://en.wikipedia.org/w/index.php?title=Illegal_number&oldid=918772989, 2019.

[83] Wikipedia contributors. Illegal prime — Wikipedia, the free encyclopedia. https://en.wikipedia.org/w/index.php?title=Illegal_prime&oldid=913087454, 2019.

[84] Wikipedia contributors. Keynesian economics — Wikipedia, the free encyclopedia. https://en.wikipedia.org/w/index.php?title=Keynesian_economics&oldid=919881690, 2019.

[85] Wikipedia contributors. Last glacial maximum — Wikipedia, the free encyclopedia. https://en.wikipedia.org/w/index.php?title=Last_Glacial_Maximum&oldid=919510280, 2019.

[86] Wikipedia contributors. Lindy effect — Wikipedia, the free encyclopedia. https://en.wikipedia.org/w/index.php?title=Lindy_effect&oldid=921214819, 2019.

[87] Wikipedia contributors. List of currencies — Wikipedia, the free encyclopedia. https://en.wikipedia.org/w/index.php?title=List_of_currencies&oldid=897955050, 2019.

[88] Wikipedia contributors. List of historical currencies — Wikipedia, the free encyclopedia. https://en.wikipedia.org/w/index.php?title=List_of_historical_currencies&oldid=919919705, 2019.

[89] Wikipedia contributors. Methods of coin debasement — Wikipedia, the free encyclopedia. https://en.wikipedia.org/w/index.php?title=Methods_of_coin_debasement&oldid=917940627, 2019.

[90] Wikipedia contributors. Money multiplier — Wikipedia, the free encyclopedia. https://en.wikipedia.org/w/index.php?title=Money_multiplier&oldid=918027413, 2019.

[91] Wikipedia contributors. Money supply — Wikipedia, the free encyclopedia. https://en.wikipedia.org/w/index.php?title=Money_supply&oldid=921152289, 2019.

[92] Wikipedia contributors. P versus NP problem— Wikipedia, the free

encyclopedia. https://en.wikipedia.org/w/index.php?title=P_versus_NP_problem&oldid=919382161, 2019.

[93] Wikipedia contributors. Paradox of value — Wikipedia, the free encyclopedia. https://en.wikipedia.org/w/index.php?title=Paradox_of_value&oldid=906068208, 2019.

[94] Wikipedia contributors. Sha-2 — Wikipedia, the free encyclopedia. https://en.wikipedia.org/w/index.php?title=SHA-2&oldid=917408454, 2019.

[95] Wikipedia contributors. Ship of theseus — Wikipedia, the free encyclopedia. https://en.wikipedia.org/w/index.php?title=Ship_of_Theseus&oldid=923020256, 2019.

[96] Wikipedia contributors. Silver certificate (united states) — Wikipedia, the free encyclopedia. https://en.wikipedia.org/w/index.php?title=Silver_certificate_(United_States)&oldid=917688197, 2019.

[97] Wikipedia contributors. Subjective theory of value — Wikipedia, the free encyclopedia. https://en.wikipedia.org/w/index.php?title=Subjective_theory_of_value&oldid=893004286, 2019.

[98] Wikipedia contributors. Thaler — Wikipedia, the free encyclopedia. https://en.wikipedia.org/w/index.php?title=Thaler&oldid=914457345, 2019.

[99] Wikipedia contributors. Theory of value(economics) — Wikipedia, the free encyclopedia. https://en.wikipedia.org/w/index.php?title=Theory_of_value_(economics)&oldid=919603374, 2019.

[100] Wilma Woo. 'unfairly cheap' lightning network mainnet hits 40 nodes, 60 channels. https://bitcoinist.com/bitcoin-lightning-network-mainnet-nodes, January 2018.